湖北省高等学校哲学社会科学研究重大项目（21ZD120）成果

社区矫正对象心理适应机制研究

——基于相对剥夺感理论的视角

王玉花　著

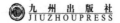

九 州 出 版 社
JIUZHOUPRESS

图书在版编目（CIP）数据

社区矫正对象心理适应机制研究 ：基于相对剥夺感
理论的视角 / 王玉花著 . -- 北京 ：九州出版社，
2023.7

ISBN 978-7-5225-1994-4

Ⅰ．①社… Ⅱ．①王… Ⅲ．①监外执行－犯罪分子－
心理健康－健康教育 Ⅳ．① D916.7

中国国家版本馆 CIP 数据核字（2023）第 134658 号

社区矫正对象心理适应机制研究 ： 基于相对剥夺感理论的视角

作　　者	王玉花　著	
责任编辑	云岩涛	
出版发行	九州出版社	
地　　址	北京市西城区阜外大街甲 35 号（100037）	
发行电话	(010)68992190/3/5/6	
网　　址	www.jiuzhoupress.com	
印　　刷	定州启航印刷有限公司	
开　　本	710 毫米 ×1000 毫米　　16 开	
印　　张	14.75	
字　　数	200 千字	
版　　次	2023 年 7 月第 1 版	
印　　次	2023 年 7 月第 1 次印刷	
书　　号	ISBN 978-7-5225-1994-4	
定　　价	88.00 元	

前　言

　　2020 年 7 月《中华人民共和国社区矫正法》(以下简称《矫正法》)在全国正式实施,开启了我国社区矫正制度建立和规范的新篇章,采纳了更为中性的、不具有标签效应的"社区矫正对象"的名称,确立了社区矫正的法律制度和执行政策。《矫正法》中一个引人注目的亮点就是强调在社区矫正执行过程中,要注重社区矫正对象的社会关系修复,根据个体心理特点进行差异化、个性化的心理辅导,加强社区矫正对象融入社会的心理引导,提高其适应社会的能力。

　　作为进入社区服刑的社区矫正对象,其情绪、信念系统、人际关系本来就与主流社会存在隔阂和疏离。社区矫正期间,他们需要打破原有的行为认知偏差,重新建立起价值观、文化规范和行为模式,再次被社会及公众接纳。显而易见,社区矫正对象面临着严峻的重新适应社会的挑战。

　　如何提升社区矫正对象的心理适应水平,帮助他们尽快融入主流社会,是当前社区矫正工作面临的重要任务。心理适应,是一种能与环境保持平衡状态的心理体验与感受,是个体心理健康发展的基础。心理适应既是社区矫正对象调整情绪、消除不良心理、主动适应社会的结果,同时也是帮助他们更好地回归主流社会,从"犯罪人"转变为"守法公民"的心理基础。

在影响社区矫正对象心理社会适应的众多风险因素中，相对剥夺感是一个需要引起重视的因素。社区矫正对象，带着"罪犯"的身份，其人身自由被部分剥夺，在社区接受监管和矫正。不论是与自己的过去相比，还是与社区其他居民相比，社区矫正对象都容易体会到自身失去了很多利益和社会支持，容易在心理上产生主观的相对剥夺感。然而通过文献回顾，著者发现以往有关社区矫正对象相对剥夺感的实证研究较少。那么，社区矫正对象相对剥夺感的总体水平和发展特点如何？影响社区矫正对象相对剥夺感发展的关键个体因素和环境因素有哪些？相对剥夺感对社区矫正对象心理适应的影响机制如何？两者之间是否存在心理危险因素和心理保护因素？在时间的维度上，相对剥夺感与社区矫正对象的心理适应是否存在循环作用模式？相对剥夺感对社区矫正对象内隐攻击性是否存在影响？本研究尝试通过严谨的实证研究来回答以上问题。

我国自 2003 年开始试点社区矫正制度以来，该制度发展迅速且成效显著，对预防罪犯重新犯罪、构建和谐社会发挥了巨大作用。截至 2021 年，全国累计接收社区矫正对象 537 万人，累计解除矫正对象 473 万人（司法部，2021）。但是，对于这个新生事物，社会大众的认识有待深入。做好社区矫正对象心理矫正工作，助其顺利完成从"罪犯"到"社会人"的转变，在一定程度上是一件关系到社会长期稳定的大事，也是摆在社会学与心理学工作者面前的重要课题。因此，开展社区矫正对象相对剥夺感的理论与实证研究，对提高社区矫正对象心理和谐水平、预防重新犯罪、降低和减少社区矫正工作风险、创建健康中国具有重要的理论价值和现实意义。

综上所述，为了全面展示社区矫正对象心理适应机制的概貌，本研究以湖北省 X 市社区矫正对象为被试对象，从相对剥夺感理论的视角开展了九个实证研究，主要分为三部分。第一部分包括三个实证研究，我们自编了相对剥夺感问卷，并调查了社区矫正对象相对剥夺感的现状、特点以及影响因素；第二部分包括三个实证研究，考察社区矫正对象心理适应的现状和发展特点，相对剥夺感影响社区矫正对象心理适应的路径中，心理危险因素和心理保护因素的中介作用；第三部分也包括三个研究，分别是追踪研究、访谈研究和实验研究。其中，追踪研究考察相对剥夺感与社区矫正对象心理适应之间的因果关系以及社会支持的纵向中介作用，访谈研究针对社区矫正青少年社会支持网络进行个案调查，实验研究考察相对剥夺感对社区矫正对象内隐攻击性的影响。所得到的研究结果如下。

第一，社区矫正对象的相对剥夺感整体上并不明显，呈现出随着入矫时间的延长而逐渐降低的趋势。

第二，社区矫正对象的相对剥夺感受环境因素和个体因素的显著影响，且个体因素的影响效应整体上要大于环境因素。

第三，相对剥夺感对社区矫正对象心理适应具有显著的直接影响，其中歧视知觉和道德推脱等心理危险因素起着中介作用；心理弹性和公正世界信念等心理保护因素不仅能独立减少相对剥夺感对心理适应的负面影响，并且能调节、缓冲、隔离、抵消心理危险因素带来的不良后果。

第四，相对剥夺感与社区矫正对象的心理适应存在因果关联，相对剥夺感是原因变量，并且相对剥夺感通过领悟社会支持的纵向中介作用间接影响社区矫正对象的心理适应。

第五，社区矫正对象群体中外显攻击性和内隐攻击性属于独立的、分离的两种不同结构，不同相对剥夺水平下社区矫正对象的外显攻击性没有显著差异，但是高相对剥夺水平社区矫正对象的内隐攻击性显著高于低相对剥夺水平的社区矫正对象。

本书的研究特色主要体现在以下四个方面。

第一，探索了社区矫正对象相对剥夺感的内容结构，并采用严谨的量表研制程序编制了一份适用于我国社区矫正对象相对剥夺感的量表，为今后在社区开展社区矫正对象相对剥夺感的实证研究奠定了一定的基础。

第二，采用结构方程模型系统考察了心理危险因素和心理保护因素在相对剥夺感与社区矫正对象心理适应两者关系中的不同影响机制，相关研究结果有助于抑制和减少社区矫正对象的消极心理，挖掘社区矫正对象的积极心理品质，提高社区矫正效果，增进社会和谐进程。

第三，从时间纵向的视角，全面考察了相对剥夺感对社区矫正对象心理适应的作用机制，证实了相对剥夺感是社区矫正对象心理适应的原因变量，以及领悟社会支持在其中的纵向中介作用。相关研究结果为社区矫正对象相对剥夺感的预防和干预、社区矫正中各方力量的积极参与提供了理论指导。

第四，采用内隐实验方法考察了相对剥夺感对社区矫正对象外显攻击性和内隐攻击性的影响差异，相关研究结果提供了对社区矫正对象攻击性的全面认知，需要关注社区矫正对象受矫环境中可能唤起其内隐攻击性的消极事件，以防止引发外显攻击行为，切实有效地降低其再犯风险。

在中国构建和谐社会的时代背景下，维护和完善社会公平机制，提高人们生活满意度和幸福感是每个人的追求。中国特色社会主义进入新时代，提升人民"获得感"是习近平治国理政的思想和实践的重要目标，提升社区矫正对象等社会特殊群体的获得感更是提升人民获得感的"最后一公里"（丁元竹，2016）。

目　录

第一章　社区矫正对象与相对剥夺感概述 …………………………001

　　第一节　社区矫正对象及其相关研究 …………………………001

　　第二节　相对剥夺感及其相关研究 ……………………………008

　　第三节　相关理论基础 …………………………………………018

第二章　研究问题、意义与总体设计 …………………………………025

　　第一节　研究问题的提出 ………………………………………025

　　第二节　研究的意义 ……………………………………………030

　　第三节　研究的总体设计 ………………………………………032

第三章　社区矫正对象相对剥夺感的访谈研究 ………………………037

　　第一节　研究目的 ………………………………………………037

　　第二节　研究方法 ………………………………………………038

　　第三节　结果分析 ………………………………………………043

　　第四节　问题探讨 ………………………………………………049

　　第五节　结　论 …………………………………………………052

第四章　社区矫正对象相对剥夺感的结构、现状和影响因素 ……………055

　　第一节　研究一：社区矫正对象相对剥夺感问卷的编制………055

　　第二节　研究二：社区矫正对象相对剥夺感的发展特点
　　　　　　与现状 ……………………………………………071

　　第三节　研究三：个体和环境因素对社区矫正对象相对
　　　　　　剥夺感的影响研究 ………………………………082

第五章　相对剥夺感对社区矫正对象心理适应的影响机制……………095

　　第一节　研究四：社区矫正对象心理适应的现状特点 …………095

　　第二节　研究五：相对剥夺感影响社区矫正对象心理
　　　　　　适应的心理危险因素 ……………………………105

　　第三节　研究六：社区矫正对象相对剥夺感影响其心理
　　　　　　适应的心理保护因素 ……………………………115

　　第四节　研究七：相对剥夺感影响社区矫正对象心理
　　　　　　适应的追踪研究 …………………………………128

　　第五节　研究八：社区矫正青少年社会支持网络的
　　　　　　个案访谈 …………………………………………139

　　第六节　研究九：相对剥夺感对社区矫正对象内隐
　　　　　　攻击性影响的实验研究 …………………………150

第六章　社区矫正对象心理适应机制的综合讨论 ………………………161

　　第一节　关于社区矫正对象相对剥夺感的结构和特点 …………161

　　第二节　关于社区矫正对象相对剥夺感的影响因素 ……………163

　　第三节　关于相对剥夺感对社区矫正对象心理适应的
　　　　　　影响机制 …………………………………………165

　　第四节　关于相对剥夺感对社区矫正对象内隐攻击性
　　　　　　影响的实验研究 …………………………………169

　　第五节　本研究的创新之处 ………………………………171

第六节 本研究的不足与展望 ································ 173

第七节 本研究的启示 ································ 174

第七章 结 论 ································ 177

参考文献 ································ 181

附 录 ································ 217

附录1 访谈提纲 ································ 217

附录2 被试基本信息调查 ································ 218

附录3 相对剥夺感正式量表（节选） ················ 219

附录4 影响因素研究所用量表 ················ 220

附录5 影响路径研究所用量表 ················ 221

后 记 ································ 225

第一章 社区矫正对象与相对剥夺感概述

第一节 社区矫正对象及其相关研究

一、社区矫正对象的界定

2003 年,《关于开展社区矫正试点工作的通知》中将被判处管制、宣告缓刑、假释和暂予监外执行,在社区服刑的人员称为"罪犯"或"社区服刑人员",随后在诸多文献研究中也都用此称呼(司法部,2014)。一般来说,在实际工作中,"社区服刑人员"的称谓使用更广泛。社区服刑人员,顾名思义,是带着"罪犯"的身份,在社区服刑的对象。与在监狱服刑的人相比,因其犯罪行为轻微,其人身自由没有完全被剥夺,并且可以在社区接受监管和矫正教育,惩罚性明显减弱。

2020 年 7 月正式实施的《中华人民共和国社区矫正法》(以下简称《矫正法》)中明确界定,社区矫正对象是依法被判处管制、宣告缓刑、假释和暂予监外执行的罪犯,他们通常所犯罪行较轻、主观恶性较小、社会危害性不大,并且经过教育改造后有悔罪表现。他们被安置在社区接受刑事执行和矫正教育,矫正其认知偏差和不良心理与行为,不与社会隔绝,以便尽快回归社会。《矫正法》没有继续沿用"社区矫正人员"或"社区服刑人员"的称谓,而是采纳了更为中性的、不具有标签效应的"社区矫正对象"的名称，其内涵与社区矫正的矫正教育、社会帮扶、回归社会等价值追求高度契合，也反映了政府和社会对这一群体的积极关注和价值引领。

对在社区接受矫正教育的罪犯称谓的细致改变，虽然并没有改变其法律上的身份定性，但是减弱了社会负面评价的色彩。这也意味着《矫正法》立法的理念不仅仅是惩罚罪犯，限制其人身自由，而是通过各方社会力量的积极参与和引导，帮助社区矫正对象达到从"犯罪人"转变成"守法公民"的目的，有利于提高罪犯教育改造的质量，建立民主团结、安定和谐的社会面貌。

二、社区矫正对象的相关研究

对于社区矫正对象的研究主要集中在社会帮扶、法律教育、心理矫治三个方面。

关于社区矫正对象社会帮扶方面的研究主要的关注点，在社区矫正对象的社会融入、再就业、婚姻家庭、社会支持网络建构、思想政治教育、家庭教育等方面，且多以理论研究和质性研究居多。其中社会融入是社会学者研究的热点。比如骆群（2008）将社区矫正对象纳入弱势群体的范畴，考察了社区矫正对象的社会网络被边缘化，无法正常融入社会的弱势镜像；杨彩云（2015）基于上海的实证研究展开对社区服刑人员社会融入的研究，剖析这一群体社会融入的状态与机制，促进其顺利回归社会及社区矫正目标的达成。其他研究者从更微观的角度分析了社区矫正对象社会适应的问题，比如李振东（2020）从提高社区矫正对象就业质量的角度，提出动员社会力量积极参与、推广就业机会、就业帮扶政策等策略；陈海佳（2020）从社会性别理论的角度，认为应该基于性别差异使用不同的矫正策略；洪佩、费梅苹（2018）对社区矫正对象既是"服刑人员"也是"社区成员"的双重性身份建构机制做了清晰的梳理；张凯（2017）剖析了社区矫正对象帮困扶助的现状，并提出创新发展等策略。另外还有研究者考察了老年社区矫正对象（周晓菁，2020）、女性矫正对象（刘令衣，2020；曹颖，2017）和未成年社区矫正对象等特殊群体的社会融入和社会支持系统问题（苑霞、谢殊曼、邓中文，2019；徐徐，2014）。

关于社区矫正对象法律教育方面，有研究者考察了社区矫正对象重新犯罪风险影响因素，再犯罪防控机制的完善（伍晋，2017；庞荣，2018；宁军妮、肖聪阁、李胜，2018；刘强、张晓航、林闫馨，2017）；陈海伦（2019）研究了社区矫正对象矫正观的建构；占燕平（2018）提出要做好对社区矫正对象的收监执行工作，必须促进社区矫正体系与监狱等其他系统的有机结合，最大限度保障对社区矫正对象的监管力度；冯建仓（2018）提出社区矫正对象劳动权、人身权等特殊权利保障需要予以保护和重视。此外还有研究者提出社区矫正对象的权利保障（王贵芳，2007）、人身危险性评估（王梅，2018）、提请撤销缓刑主体（邹屹峰，2019）、外出请假制度（贾国平等，2019）等问题的研究。

关于社区矫正对象心理研究方面的研究为数不多，除了有关社区矫正对象心理矫正的理论文章（李如齐，2011；向巍，2012），就是以某个心理学理论为视角研究社区矫正对象的心理健康问题，且多为问题取向。有多位研究者发现社区矫正对象普遍存在心理问题，心理健康状况堪忧，《症状自评量表SCL90》若干指标得分都高于成年人常模，存在较多负面心理，情绪稳定性差，有比较多的认知偏差（刘素珍等，2006；沈海英，2011；魏然，2012；杨玲等，2016）；张扬（2016）发现女性社区矫正对象普遍存在自卑、孤独、依赖、自控力差、情绪波动大等心理障碍。国外关于社区矫正对象的心理学研究也多为问题取向，比如 Emma（2010）指出社区矫正对象有药物滥用的倾向，对其经济、人际关系都存在较多负面影响；Dorothy et al.（2011）也针对社区矫正对象的药物依赖及精神药物滥用现象进行了影响因素的研究。但也有研究者提出不一样的观点，比如王蕊颖和王卫红（2016）通过对近十年我国社区矫正对象心理健康状况的元分析，发现社区矫正对象并非心理健康的异常群体，他们的心理健康状况基本与常人相同。

还有研究关注对社区矫正对象的心理干预，比如岳艳锋（2012）另辟蹊径，提倡在社区矫正对象服刑改造中大力发展美术教育，通过美术教育的熏陶使社区矫正对象心平气和，关注自我，改变认知偏差；陈珊等人（2018）提出通过认知行为的心理治疗降低社区矫正对象的再犯率；史景轩等人（2021）提出团体内观对社区服刑人员心理及行为的干预有一定成效。

近些年，有研究者开始从积极视角深入研究社区矫正对象的心理变化和发展，比如杨彩云等人（2014）认为社区矫正对象的心理需求呈现是一个渐进的过程；漆瑞（2016）在个案访谈的基础上，提出社区矫正对象面对逆境时心理弹性增长的保护性因素，建议社区矫正工作要多挖掘个体的积极社会资源；刘竹华（2019）发现社区矫正对象社会适应过程中，其人际关系有非常重要的保护作用；张丹丹、路茗涵（2019）认为社区心理矫正的前提是理解社区矫正对象的心理需求，这样才能有的放矢，并明确提出针对社区矫正工作要"明白事、接纳人、好发展"的建议；费梅苹、张晓灿等人（2020）也强调了社区矫正对象的心理弹性（即复原力）对其心理矫正的重要影响。杨彩云等人（2022）从身份认同整合和社会支持视角，探究歧视知觉对社区矫正对象社会疏离的影响机制。

三、社区矫正对象的心理适应

早在 1859 年，达尔文在《物种起源》中就使用了"适应"一词，他认为生物面对不断变化的环境，为了更好地生存和繁衍就要保持其适应环境的能力，并从中获益，这是所有生物都具有的一种本能。后来"适应"被引入社会学和心理学领域，研究者认为适应就是个体为了产生更多价值，不断调整自我与环境的关系，是个体不断调整行为使自己与周围环境和谐相处的过程（杨彦平、金瑜，2007）。但是，适应首先是心理适应，是个体面对外界变化的环境，主动重建平衡的心理发展过程或结果。

有研究者认为，心理适应就是个体面对环境变化不断自我调适，是个体的自身主观系统与外在环境系统相互作用的过程，其间个体将新的经验与已有图式进行不断冲突与建构，从而完成心理适应（贾晓波，2001；池丽萍，2014）。王美芳等人（2017）认为，个体适应环境的过程中，个体自我意识的发展水平起着决定性作用。压力可以促进个体有效应对和适应丧失、困难或逆境，个体通过自我调整系统逐渐减轻压力，使其心理活动和行为方式与外界保持平衡的动态过程。

而有的研究者支持心理适应是个体与环境互动的结果，对个体心理适应的影响因素和作用机制更感兴趣。比如，罗兰苑（2007）强调了个体的心理品质和主观感受在心理适应中的核心作用，心理适应本质上就是个体能与环境保持平衡的心理体验，如积极的自我价值感、平和的情绪、较弱的人际敏感等；贺利中（2012）则认为适应有内外区别，并联系紧密，适应包括个体的内部心理适应和个体与环境之间的社会文化适应；Ano & Vasconcelles（2005）指出，心理适应是个体在压力情境下主动适应的情感、认知、行为的变化结果。

有关心理适应的"过程说"和"结果说"从不同角度考察了个体与环境之间的互动关系。Lehti（2016）将这两个观点进行了整合和梳理。他认为当个体遇到威胁、不确定的压力情境时会开启应对模式，全力解决问题，为了解除紧张、保持和谐与平衡，个体会产生进一步的情绪与行为反应来进行调整，直到紧张解除，出现良好的适应结果；如果问题没有解决，个体紧张状态会导致适应不良。

综上所述，心理适应的最终目的就是促进个体更好地成长与发展。心理适应的最终结果是个体与外部环境的平衡，是个体心理健康发展的基础。因此，在本研究中，将心理适应定义为面对变化的环境，个体在适应过程中保持积极应对的内在心理机制，主要侧重于情感和认知方面（袁晓娇等，2010）。

相关学者对社区矫正对象的适应研究多集中在社会适应的不同客观层面上，且定性研究较多，对心理适应的研究相对较少。

李晓娥等人（2011）从生活适应的角度，详细描述了社区矫正对象在居住条件、经济状况和人际关系等方面的适应状况，并且发现生活适应中的关键影响因素；杨琪（2021）从就业角度，分析了社区矫正对象就业遭歧视、收入偏低、个人能力较低等就业困境；高梅书（2014）建议设置"焦点解决工作小组"的工作方法，及时回应未成年社区矫正对象的需求，进行社会适应的实务辅导。

很显然，目前对社区矫正对象社会适应问题的研究更多关注外在生活环境和工作环境，对于社会适应的测评指标也多是社区矫正对象每个月到社区矫正机构报到、参加集中学习、在社区工作等行为表现，对社区矫正对象人员自身的内在需要和情绪关注不足。如果仅从社会适应的外在指标来考察社区矫正工作，是无法全面体现社区矫正的效果和质量的。因此，要探讨社区矫正对象社会适应问题，应重点聚焦于个体情绪、认知和行为等层面的心理适应问题，这样才能从根本上发挥社区矫正"惩罚性"与"教育性"的双重作用，帮助社区矫正对象恢复健康心理，重塑人格，养成积极向上的行为方式，顺利回归社会。

关于社区矫正对象心理适应方面，一些学者也从心理特征的不同方面进行了研究。金碧华（2020）提出自身较低的自我价值感和消极懈怠的情绪会给社区矫正对象在社会适应过程中造成阻碍；赵洪金（2015）等从罪犯再社会化的心理分析角度提出影响其社会化的因素有认知能力、情绪问题、劳动和人际关系等，心理健康与正常才是他们能够再社会化的良好基础；王维皓（2019）认为社区矫正对象的社会适应和再犯罪风险受到服刑次数、与家人团聚次数、文化程度等因素影响；孙志丽（2015）强调社区矫正工作要充分考虑个体的基本心理需求，切忌"一刀切"的工作方式。

综上所述，虽然关于社区矫正对象整体心理适应的研究不多，但大多数学者都会强调心理适应水平对个体的重要性。陈建文（2010）认为社会适应的本质就是心理适应，是个体从心理上进行主动调整从而保持与环境的平衡关系。也有学者认为心理适应能力是一种主观能动性的体现，个体的适应过程是个人心理资本运用和调整能力高度发展的过程（Lehti，2016）。

所以，相对于社会层面的适应，心理适应是更高层次的适应，心理适应的实现是社会适应完成的标志（车文博，2001），心理适应是社区矫正对象融入社会成功与否的关键。

四、社区矫正对象心理适应的评估

关于如何评估心理适应的有效指标，Bremer（1997）认为，个体对生活的满意度和不同的情绪状态在个体保持与环境心理平衡过程中发挥了关键作用；Ano & Vasconcelles（2005）认为，心理适应是个体心理全面的调整和适应，所以心理适应的内涵应该包含积极指标和消极指标，并指出常用的积极指标包括生活满意度、自尊、幸福感、积极情感等，而消极指标则包括焦虑、抑郁、敌对、消极情感、人际疏离等。段婉钰（2020）为验证大学生依恋类型和心理适应的关系，建议将生活满意度、孤独感、抑郁和焦虑作为心理适应的综合指标；赵郝锐（2017）在探讨原生家庭对大学生心理适应的研究中，指出心理适应指标包括自评心理症状、主观幸福感与自尊；Holahan、Valentiner & Moos（1995）认为大学生心理适应的指标包括自我价值感、幸福感、抑郁与焦虑；Juvonen（2000）& Chen（2011）选取焦虑、孤独、抑郁作为心理适应的消极指标，选择自尊作为心理适应的积极指标；Houtzager et al.（2004）使用生活满意度、焦虑、情感反应作为心理适应的综合指标。

根据有关社区矫正对象的文献研究和访谈内容，为综合评价社区矫正对象心理适应状况，本研究将主观幸福感（包括生活满意度、积极情感和消极情感）、自尊作为社区矫正对象积极心理适应的指标，对社区矫正对象心理健康状况进行问卷调查。

第二节 相对剥夺感及其相关研究

一、相对剥夺感的起源与发展

关于相对剥夺感，《马克思恩格斯选集》中有过形象而深刻的论述："一座小房子不管怎样小，在周围的房屋都是这样小的时候，它是能满足社会对住房的一切要求的。但是，一旦在这座小房子近旁耸立起一座宫殿，这座小房子就缩成可怜的茅舍模样了。这时，狭小的房子证明它的居住者毫不讲究或者要求很低；并且，不管小房子的规模怎样随着文明的进步而扩大起来，只要近旁的宫殿以同样的或更大的程度扩大起来，那么较小房子的居住者就会在那四壁之内越发觉得不舒适，越发不满意，越发被人轻视。"

相对剥夺感是美国社会学家 Stouffer 及其同事首先提出来的，他发现美军中有些升迁较快的成员，却是最心怀不满的人。究其原因，是他们习惯于把军中地位更高的上层军官当作参照群体进行比较，结果发现自己总是处于劣势地位，因而觉得自己受到剥夺，产生不满、不公平、愤怒等情绪（Stouffer et al., 1949）。

Merton（1957）紧随其后发展补充了相对剥夺理论。他认为个体不会总是与某一绝对或不变的标准进行比较，而是在不同情境下与某一变化标准进行比较。这个参照群体可以是其他某个人、某个群体，也可以是过去的自己或未来的期许。而且当自身处境得到改善的程度不如参照群体时，相对剥夺感也可能产生。

Davis（1959）提出个体产生相对剥夺感需要满足三个必要条件：人们了解到与自己相似的人拥有 ×，自己想要得到 ×，认为自己有权利得到 ×。Runciman（1968）提出第四个必要条件：认为自己有可能

得到 ×。Crosby（1976）又在两人理论的基础上提出另外一个必要条件：没有拥有 × 不是出于自己的原因。Smith（2012）在对 1949—2010 年期间的相对剥夺感文献进行研究分析后，认为产生相对剥夺感的必要条件应该包括三个：个体必须有社会比较，认识到自身处于不利的地位，认为这种不利地位是不公平的。Smith 还对相对剥夺感的形成及其成因和后果之间的关系进行了系统的梳理（图 1-1）。后来，Smith & Huo（2014）又把 Crosby 早期提出的改变的机会观点整合到自己的理论之中（图 1-2），他们认为，个体在与参照对象进行比较时，假如发现自己或自己所在的群体目前处于不利情境，个体就可能会产生生气或愤恨的情绪反应。在产生这种情绪反应时，个体或个体所在的群体会依据改变的可能性而采取不同的行为方式。而国内学者孙灯勇和郭永玉（2016）认为，产生相对剥夺感不仅仅应该包括应得（deserving），还应该包括想得（wanting）。

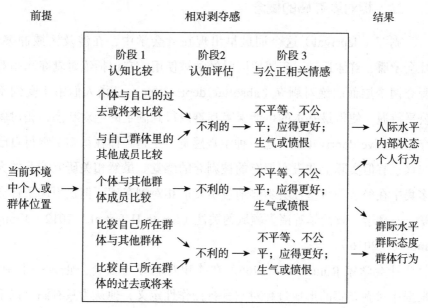

图 1-1 Smith et al. 的相对剥夺感理论模型（Smith et al., 2012）

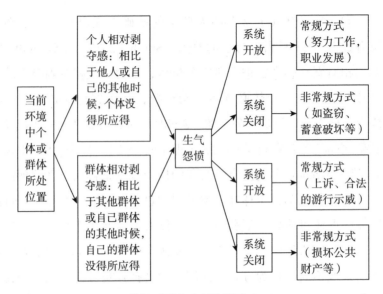

图1-2 Smith & Huo 的相对剥夺感理论模型（Smith and Huo, 2014）

二、相对剥夺感的概念

剥夺（deprival）这个词最早出现在社会学中，在涉及区域冲突、社会矛盾、群体运动、犯罪原因时经常被使用，它包括绝对剥夺和相对剥夺两个层面。绝对剥夺（absolute deprivation）是指人们由于受到不公平待遇，使得最基本的生活保障都难以得到满足的绝对状态；相对剥夺（relative deprivation）是一种主观感觉，是指个体在认知上觉得自己应该享有但实际上并没有拥有的被剥夺的感觉。虽然相关研究涉及的大多集中在经济领域里社会劣势地位引发的相对剥夺感，但也引起了社会学、心理学、政治学等诸多领域的关注（Smith H J et al., 2012；Xiong and Ye, 2016）。

社会学家 Runciman（1966）在《相对剥夺与社会公正》一书中，根据相对剥夺感的形成过程对它进行操作性定义，他认为只有满足以下四个条件，个体才会产生被相对剥夺的感觉：①个体自身没有 ×；②发现周围其他人拥有 ×；③期望拥有 ×；④这种期望是合理可行的。

因此，如果其他人拥有想要但是自身却没有的事物时，就会产生相对剥夺感。在 Runciman 的理论中，× 可以是财产、名誉、智力、魅力、健康等任何东西。心理学研究者则更强调个体对自我劣势地位的主观感知。比如，Walker & Smith（2002）认为相对剥夺感是与参考对象相比较时，个体对自我不利地位的感知，与真实的客观条件是否处于劣势无关。而且个体所参照的群体也会不断发生变化，甚至过去的自己也会成为参照对象。由此也可以看出，相对剥夺感其实是社会比较的结果，和本身利益的提高或者降低没有关联。

相对剥夺不仅产生于横向比较中，也会产生于纵向比较中。Gurr（1970）采用一个公式来衡量个体的纵向相对剥夺感：

相对剥夺感 =（价值预期 − 价值能力）/ 价值预期。

他认为相对剥夺感是价值预期与价值能力不一致时产生的认知。如果个体在实际生活中获得的物质条件远远没有达到他们主观上的价值预期时，相对剥夺感就会产生，甚至当人们看到社会繁华与自己无关时，相对剥夺感就会变得更加强烈。

国内研究者对相对剥夺感也展开了研究。罗桂芬等人（1994）认为，相对剥夺感是个体带有消极的主观感受，其本质就是个体将自己所得与参照群体所得进行比较时，如果发现没有得到自认为本该得的利益或者自己得到的没有参照群体多，相对剥夺感就会在此时产生。郭星华（2001）也对相对剥夺感进行了系统阐述，认为相对剥夺感指人们通过与参照群体比较而产生的一种自身利益被其他群体剥夺的内心感受。相对剥夺感的产生主要源于参照群体的选择，而与自身利益的实际增减并无直接联系。当自身利益实际减少时，固然容易产生相对剥夺感；但当自身利益实际上增加却比参照群体增加得少时也会产生相对剥夺感。因此，相对剥夺感的产生不仅取决于参照群体的选择，亦取决于自身利益的增加速率与参照群体利益的增加速率之比。

综上所述，无论是横向比较还是纵向比较产生的相对剥夺感，其本质都是社会比较的结果（Zhang et al.，2011；Stiles et al.，2000）。此外，众多学者认为相对剥夺感不仅包含社会比较这一认知成分，还包含由此导致的不公平感、愤怒和不满等情感成分（Crosby，1976；Smith et al.，2012）。

据此，我们尝试对相对剥夺感进行操作性定义：相对剥夺感是指个体或群体通过与参照群体横向或纵向比较而感知到自身处于不利地位，进而体验到愤怒和不满等负性情绪的一种主观认知和情绪体验。这里的参照群体可以是横向的某一个体或群体，也可以是个体或群体过去、未来或渴望的状况。

三、相对剥夺感与相关概念的辨析

因为目前学界对相对剥夺感这一概念存在一些与之相近或相反的认知，其基本概念经常会被混淆和误用，因此，有必要将其与其他相近概念进行辨析，以期更精准地开展相对剥夺感的研究工作。

第一，要区分个体相对剥夺与群体相对剥夺。个体相对剥夺感是一个个体与另一个个体之间的比较，或者一个个体当前的状态与其过去或将来状态的比较。个体相对剥夺感通过与周围其他人比较而感知到自身处于劣势地位；群体相对剥夺感是个体所在的群体与另一个群体之间的比较，或者一个群体当前的状态与这一群体过去或将来状态之间的比较，从而感知到自身所在的群体处于劣势地位（Runciman，1966；Smith et al.，2012）。已有研究表明，个体相对剥夺感与群体相对剥夺感的影响效应有所不同：个体相对剥夺感会更多影响个体层面的情绪和行为变量，比如焦虑、愤怒、抑郁等情绪和抽烟等行为（Beshai，et al.，2017；Callan et al.，2015；Kondo，et al.，2009；Kuo and Chiang，2013）；而群体相对剥夺感对群体层面上的情绪和行为变量的影响较大，比如支持社会变革和群体行为（Abrams and Grant，2012；Smith，et al.，2012；L. Walker and Mann，1987）。

第二，要区分横向相对剥夺与纵向相对剥夺。横向相对剥夺（horizontal relative deprivation）与纵向相对剥夺（longitudinal relative deprivation）的区别在于所选取的参照群体不同。横向相对剥夺感是个人或群体与横向参照群体的比较，是同时比较，多出现在社会心理学领域；而纵向相对剥夺感是个人或群体与纵向参照群体的比较，是继时比较，即与个人或群体与过去、未来的某种状况进行比较（王宁，2007），多出现在政治学和经济学领域。

第三，需要分辨相对剥夺与绝对剥夺。绝对剥夺也称客观剥夺，是由于缺少食品、水、住所等基本物质生活条件导致个人或群体无法满足基本生活需求（李强，2004）。相对剥夺也称主观剥夺，并不是物质的绝对匮乏，只是个体或群体与参照群体相比较感知到自己处于劣势，这恰巧与《论语》中的"不患寡而患不均"一致。一般来说处于相对剥夺状态的个体本身并不贫困，甚至还可能属于富裕阶层。他们的相对剥夺感是通过横向比较或纵向比较，觉得自己应该享有但实际并不拥有所产生的消极感知。

四、相对剥夺感的测量结构

目前大部分研究者都认同相对剥夺感包含个体—群体、认知—情感之分，因此建构了二维垂直理论结构模型（Walker and Pettigrew，1984；Pettigrew，2002；Zagefka et al.，2013；Smith et al.，2012）。不过，更多研究者倾向于将个体—群体、认知—情感紧密结合起来考察相对剥夺感的测量结构，一阶因子是个体—群体相对剥夺感，二阶因子包含相对剥夺感的认知与情感成分（Zagefka and Brown，2005；Osborne et al.，2012；Zagefka et al.，2013）。Koomen & Fränkel（1992）以此二阶结构模型设计了相对剥夺感量表，从个体—认知、个体—情感、群体—认知和群体—情感四个维度进行测量，研究结果证实量表信度良好。

还有研究者认为相对剥夺感是个体或群体对于自身相对状况所持的

态度，而态度是由认知、情感和行为趋向共同组成的一种心理或生理感知。我国学者在探讨相对剥夺感的内容结构时，大多从认知、情感和行为等层次对其进行解析（朱永新、袁振国，1990）。肖雪莲（2006）也从认知、情感和行为三个层面探讨相对剥夺感这一复杂的社会心理现象，并分别从这三个层面对转型期弱势群体的心理进行深入探析。

有些研究者在测量相对剥夺感时并没有区分认知—情感或个体—群体维度，而是把相对剥夺感作为一个单一维度的整体概念，从多个具体生活领域对其进行评定（Smith，2012；Schmitt and Maes，2002）。马凯（2012）在研究中国普通民众的相对剥夺感时也采用了相对剥夺感的单维结构模型，他采用自编的相对剥夺感问卷，测量个体在与相应的参照群体进行比较时产生的一种对两者差异的主观感受。

此外，一些研究者认为情感成分是相对剥夺感的核心和必不可少的组成部分，因此他们在研究相对剥夺感时仅仅测量了其情感成分（Appelgryn and Bornman，1996）；另一些研究者则认为社会比较是相对剥夺感的核心，因此在研究相对剥夺感时仅仅测量了其认知比较成分（Stiles and Kaplan，2000）。

在国内，一些研究者根据不同群体的实际需求开发了相应的测量工具。熊猛（2015）从家庭、经济、学习与生活状况等方面编制量表，测量流动儿童的相对剥夺感，结果证实该量表符合二阶双因素结构模型。梁振东和耿梦欣等（2019）为职场人员开发了企业员工相对剥夺感量表，结果发现个体相对剥夺感可进一步区分为认知与情感两个维度，但群体相对剥夺感无法进一步区分为认知与情感两个维度。针对大学生群体的个体剥夺感问卷由彭嘉熙等（2021）编制，并在大学生群体中进行了信效度检验，量表信效度较好。

五、相对剥夺感的相关研究

1. 相对剥夺感的影响因素

对相对剥夺感影响因素的研究主要涉及个体变量和社会环境变量。相对剥夺感在性别、年龄、父母婚姻状况、独生与否、家庭收入、受教育程度，以及学生的贫困状况等方面存在显著差异，年长者也会出现比年轻人更多的相对剥夺感体验（Callan, Kim, and Matthews, 2015; Greitemeyer and Sagioglou, 2017; Zhang and Tao, 2013; Moore, 2003; Pettigrew, 2008）。郑美娟等人（2018）针对乡村教师相对剥夺感进行研究时发现，婚姻状况和收入对乡村教师相对剥夺感影响较大，低收入水平乡村教师的相对剥夺感显著高于高收入水平的乡村教师。Zhang & Tao（2013）对中国大学生的调查中表明，与女生相比，男生的个体相对剥夺感更高，非双亲家庭大学生的个体相对剥夺感高于双亲家庭大学生，非独生大学生的个体相对剥夺感高于独生大学生。此外，个体的内—外控型人格特质、内外不同归因方式、歧视体验、知觉控制感、不平等感和社会认同等方面均会显著影响相对剥夺感（Smith, 2012; Koomen and Fränkel, 1992; Moore, 2003; Kawakami and Dion, 1993; Sen and Pal, 2013）。研究者发现羞怯和偏执作为一种常见的人格特质，容易引发大学生进行社会比较，进而出现相对剥夺感（赵锦哲，2019）。丁倩和梁一冰等（2019）通过对高校贫困大学生相对剥夺感的研究发现，对个人贫困的归因风格能够影响个体对于客观现实的主观感受。Crosby（1976）认为外控型的人相比于内控型的人会将事情的结果归因于他人或者外部环境，因此其感受到的相对剥夺感水平会更强，他还认为成就需要越高，个体相对剥夺感水平就越高。其他学者也发现了内归因与个体相对剥夺感存在显著的负相关（马凯，2012）。

社会环境变量对相对剥夺感的影响主要体现在社会经济地位、社会支持、程序公正和参照群体等方面。比如王甫勤（2010）发现，在城乡之间的社会流动会破坏流动人口的归属感和安全感，增加流动人口受到歧视的机会，进而使这部分群体更容易出现相对剥夺感。Pettigrew et al.（2008）发现处于低社会地位的工薪阶层会感受到较为强烈的群体相对剥夺和个体相对剥夺。Mclaughlin et al.（2012）对 6483 名美国青少年的研究表明，主观社会经济地位与青少年的相对剥夺感显著相关。

2. 相对剥夺感的影响效应

目前对相对剥夺感影响效应的研究主要集中在个体心理和行为上。大量研究表明个体相对剥夺感与身心健康有着密切的关系。个体相对剥夺感在维持消极的心理状态中起着重要的作用。相对剥夺感与个体的心理健康障碍、抑郁情绪、精神病理症状、自杀意念、身体疾病、死亡率都显著相关（Mclaughlin et al., 2012；Zhang and Tao, 2013；Lhila and Simon, 2010；Eibner, 2000；Beshai et al., 2017）。国内的研究也发现了个体相对剥夺感与抑郁、自杀意念存在显著正相关（Zhang and Tao, 2013），甚至比其他认知因素更能有效地预测抑郁症状（Beshai et al., 2017）。

另外，相对剥夺感对偏差行为（如攻击性行为、暴力行为、偷窃行为等）（Stiles, 2000；Bernburg, Thorlidsson, and Sigfusdottir, 2009）、退缩行为（如吸烟、酗酒、药物使用、贪食等）（Eibner, 2000；Kuo and Chiang, 2013）都有显著影响。有意思的是，相对剥夺感不仅会导致个体的消极行为，也可能促使个体产生积极的成就行为（Turley, 2002；Zoogah, 2010；Smith et al., 2012），可能是由于与优势群体比较产生的相对剥夺感激发了个体的进取动机和积极行为。

3. 社区矫正对象的相对剥夺感

法国刑法理论家卡斯东·斯特法尼（1998）指出，"刑事政策对犯罪人真正的惩罚是在他们走出监狱之后才开始的"。社区矫正对象虽然表面上跟正常人一样在社区生活、工作，但其本质是"罪犯"，在一定程度上会受到社会的排斥，难以获得较充分的社会支持；更重要的是，当社区矫正对象回到熟悉的居住地或户籍所在地接受监管和矫正教育时，必须面临原来社会支持网络的断裂和重构。因此，不论是与自己的过去相比，还是与其他社区居民相比，社区矫正对象都更容易体会到自身处于劣势地位而产生主观的相对剥夺感。这种被剥夺感不仅使他们丧失现实生活中的很多机会，还使其产生较多负性情绪（Beshai，2017），阻碍其顺利回归主流社会。相对剥夺感或许已成为影响社区矫正对象不良适应的风险因素之一，并为理解社区矫正对象心理适应的内在机制提供全新的视角。

文献回顾发现，以往有关社区矫正对象相对剥夺感的研究较为缺乏，仅有的研究也主要限于理论探讨和零星的文献。

彭博雅（2014）通过点探测范式的研究方法，发现相对剥夺感水平较高的服刑人员对负性情绪刺激产生了注意偏向，即对抑郁、焦虑的负性情绪刺激具有明显的注意偏向，而对高兴、愉悦等正向情绪刺激产生了注意逃避。徐暾、徐胤（2019）基于社区矫正对象人身危险性之影响机制的视角，考察相对剥夺感、应对方式与自尊等因素对于社区矫正对象人身危险性的影响作用；Webber（2021）研究发现相对剥夺感与犯罪行为、重复犯罪存在紧密的联系，是影响服刑人员和社区矫正对象回归社会的风险因素。

总而言之，目前学界比较缺少对社区矫正对象相对剥夺感理论和实践的关注度，上述研究结论也并不能完全代表社区矫正对象相对剥夺感的全貌，尤其不能深入了解相对剥夺感对社区矫正对象心理适应的影响机制。

基于此，本书将聚焦社区矫正对象这一特殊群体，通过自编相对剥夺感问卷，结合横断研究和纵向研究来探索社区矫正对象的相对剥夺感对其心理适应的影响机制及其干预路径。

第三节 相关理论基础

一、社会比较理论

1954 年，美国心理学家 Festinger（1954）提出社会比较理论。社会比较理论认为个体需要对自己在社会上的地位和价值有一个明确稳定的认知，所以会将他人作为参照对象进行比较和一系列评价。他认为首先人有想要清楚地评价自己的能力和观点的动机；其次当没有"客观"的标准帮助其做出评价时，人们倾向于和他人进行比较，在比较中对自己的观点和能力做出判断；最后人们在选择比较对象时，会倾向于选择和自己相似的人，这样才会让自己做出有效的判断。后来的学者把情绪评价加入经典社会比较理论中，丰富了社会比较理论的内涵，即认为当个体处于一种无法用经验或生理的线索去评价的情绪时，即一种模糊的或一种新出现的情绪，他们就可能会通过与他人进行比较，来对自己的情绪状态进行评价（邢淑芬、俞国良，2005）。

社会比较多是以平行比较、上行比较和下行比较的方式进行。所谓平行比较，就是人们选择与自己观点、能力、出身相似的他人进行比较，以期获得有关自我更客观、真实、有效的信息（Festinger，1954）；上行比较，顾名思义是人们选择比自己能力强、比自己优秀的他人进行比较，往往可以促进个体更上进和奋斗，也可能导致个体产生自卑的劣势感和相对剥夺感（Collins，1996；Wheeler et al.，1969；郭星华，2001）；下行比较，即人们选择那些不如自己的他人进行比较，可能会帮助经历挫败、悲伤的个体维护自尊、希望和幸福感（Wills，1981）。

诸多相对剥夺感理论和实证研究证实，剥夺感是社会比较的产物，相对剥夺感的核心心理机制就是社会比较（Appelgryn and Bornman，

1996；Stiles，Liu，and Kaplan，2000），因为出现了消极的社会比较后才会促使个体产生相对剥夺感。只是社会比较理论强调比较的过程，而相对剥夺感强调进行比较后的认知和主观感受。作为社会成员，人们似乎总在不停地比较之中来认知和评价自我在社会生活中的地位和价值。如果个体总在社会比较中处于相对劣势的地位，这样可能更易产生被剥夺的体验，这会损害个体的心理和谐，进而对其社会适应和发展产生消极影响（Liu et al.，2019；高峰强等，2017）。

二、公平理论

很多在现实生活中令人们感觉不公平的事件，其原因都可以用公平理论来解释。1965 年，Adam 提出公平理论。该理论认为，个体将自己的实际所得（收入、名誉、资源等）与他人进行比较时，当个体认为同样的工作投入所获得的报酬比过去或周围人少时，就会产生不公平感（Adam，1965）。根据公平理论，人们是否满意自己的所得并非取决于所得报酬的绝对值，而是取决于所得报酬相对于他人或过去自己所得报酬的相对值。因此，人们会比较自己的投入与预期应得是否相称，如果发现在工作生活中获得的报酬与投入不匹配时，不公平感或者相对剥夺感就会产生。公平理论是相对剥夺感的理论基础，很好地阐述了相对剥夺感的产生机制，即当个体感知到自己的投入比值大于他人时，相对剥夺感就会产生（郭星华，2001；郑杭生、李路路，2004）。

公平理论与社会比较理论不同的地方在于，社会比较理论重在个体进行社会比较后会对自身的地位有一个"认知"，而公平理论完善了认知之后的情感部分，即当个体通过与参照群体或自己预期进行社会比较之后，认知了自己处于不利地位后，就会在情感上产生不公平感或相对剥夺感，进而采取一系列行为来争取或者恢复平等的现状（Adam，1976）。

三、积极心理学理论

与传统心理更多关注个体的心理问题和精神障碍不同，积极心理学致力于研究人的发展潜力和美德等积极品质，扩充和完善了传统心理学的研究视域。积极心理学除了研究人的消极心态，也研究人的所有积极心态，比如积极情绪、优秀品格、创新卓越等人类美好的心理活动。因此，积极心理学并不是否认个体消极心理的存在，而是在承认人有负面情绪、认知的同时，关注人的优势面和积极心理，让人努力成为一个善良、有道德、有理性的人，并最终促进个人、家庭与社会的良性发展。不可否认，消极是人性的一部分，但仅仅是一部分。积极心理学将人性另一部分补充完整，即人性中美好和积极的一面。

积极心理学的研究内容包括以下几个方面。

第一，研究人的积极情绪。如同人们平时感受到的，积极情绪往往能让人产生认知灵活性和创意，而消极情绪则会抑制人的思想和行动。积极心理学认为正向情绪感受会对个体生活工作起到正能量的作用，比如个体对过去的满足感和成就感，对当下的幸福感和愉悦，对未来的向往、希望、忠诚、乐观等体验。积极情绪能提升心理统摄、整合开发社会资源、培育健康生活方式等。

第二，研究积极的人格特质，如自尊、乐观、创造性和智慧等。积极人格在逆境下发挥的作用更大，可以帮助个体减低负性事件对人心理的冲击，并能主动利用资源改变结果（Seligman and Csikszentmihalyi, 2000）。

第三，研究积极的组织系统，关注通过创造温馨的家庭环境、友爱的学校环境、互助的职场环境来帮助个体形成积极的人格特质，激发个体最大限度地发挥潜力、团结、责任心等，帮助个体成为一个对社会有价值的人（Seligman, 2002）。

积极心理学的理念已经被越来越多的人接受，并运用到对各种人群的心理学研究中，尤其是针对处境不利人群的研究。这些基于积极心理学视角的研究让我们看到了人性的积极品质和力量，即便是遭遇困难、贫穷、疾病、暴力的人，依然可以树立积极的人生态度，获得幸福生活。

社区矫正是一种具有人道主义精神的非监禁刑罚方式，确保罪行较轻的罪犯能够在相对熟悉和开放的环境中接受刑事执行。社区矫正对象能够具备相当的机会和资源，平等地参与职业发展、社会交往等社会公共生活，并受到应有的尊重和理解。这样的刑罚处罚方式更加关注矫正人员作为人的权益和潜在积极资源（孙文立，2015），与积极心理学关于积极情绪、美德与品格优势、心理弹性与适应等内容的研究有着很多内在的契合性，因此积极心理学理论符合了社区矫正对象刑罚社会化研究的需要。

四、再社会化理论

再社会化是指个体放弃了原有的行为方式，重新学习社会规范、重新定位价值观，改变原有社会行为，重新进行自我认知与定位，从而达到符合普遍大众认知的行为规范。重新学习的过程会让人自觉修正偏离社会规范的行为，迎合社会主流思想和社会规范行为。对社区矫正对象进行矫正服务的目的之一，是使其接受再社会化教育，摒弃犯罪行为，学习社会中弘扬的价值观并重新回归社会轨道。

再社会化的实现不仅仅需要社区矫正对象的个人主观上的努力，也需要通过社会因素的作用帮助罪犯改造思想认识，使其重新融入社会。长期以来的社区矫正实践证明了社会因素的确能够对罪犯的再社会化产生积极意义。

根据《中华人民共和国社区矫正法》第一则第一条规定："促进社区矫正对象顺利融入社会，预防和减少犯罪，根据宪法，制定本法。"可见，社会融入是社区矫正立法及实践的出发点和落脚点。社区矫正对象融入社会的过程，也是个体全面的心理调整与环境间所保持的一种平衡状态。陈建文（2010）认为融入社会的本质就是心理适应，是个人心理资本运用和调整能力高度发展的过程。相对于社会层面的适应，心理适应是更高层次的适应，心理适应的实现是社会适应完成的标志。

社区矫正对象入矫后必然面临着经济、家庭、社会资源等困境，如果无法尽快适应社会，他们更有可能重新犯罪而不是停止犯罪（Cobbina，2010）。在接受矫正教育的过程中，社区矫正对象通过持续不断地与家庭、社会成员、矫正机构之间进行情感互动，不断提高其社会功能，改变以往的认知偏差和不良行为模式，逐渐重构良性的、平衡的、正常的社会生活，方能尽快回归主流社会（杨彩云，2018）。

由此可见，社区矫正对象的再社会化过程是个体不断调整自己心理与行为，保持与环境的和谐状态，以此促使矫正对象达到稳定持续的无犯罪状态的长期过程，而不仅仅是短期的改变（Davis et al.，2013）

五、社会支持理论

社会支持是影响人们身心健康的社会心理刺激因素之一，对它的研究起源于 20 世纪 60 年代人们探求生活压力对身心健康的影响（Holmes and Rahe，1967）。

社会支持具有"主效果模型"和"缓冲器模型"两种作用机制（Cohen and Wills，1985；Wilks and Spivey，2010；Murray et al.，2013）。主效果模型认为：社会支持对个体身心健康具有普遍的增益作用，它不但在心理应激的情况下才发挥保健作用，而且对于维持个体平时良好的情绪体验和身心状况有益，较高的社会支持总伴随着良好的身心状况，两者之间存在着明显的正相关。在主效果模型的倡导者看来，不管压力事件出现与否，只要提高社会支持水平，必然导致个体健康水平的提高。缓冲器模式认为：社会支持仅在应激条件下与身心健康发生联系，其能够减缓外部不良因素对个体的影响，保持与提高个体的身心健康。也就是说，如果没有明显的压力存在，社会支持并不会有太大效果（王玉花，2008）。

而从社会支持的性质上来说，一般被分为两大类：一类是客观支持，指客观的实际支持，包括物质上可见的帮助和社会关系所赋予的直接援助；另一类是主观支持，指主观的、体验到的、情感上的支持，是个体在社会中受尊重、被支持、被理解因而产生的情感体验和满意程度，与个体的主观感受密切联系。多数研究者认为人们感受到的社会支持比客观支持更有意义，因为"被感知到的现实是心理的现实，而正是心理的现实作为实际的变量影响人的行为和发展"（杨娟等，2020；Smith et al.，2020）。肖水源（1987）提出，除客观支持和主观支持外，还应包括个体对支持的利用情况，即社会支持的利用度。他的这一观点在国内得到普遍认同，因为个体对社会支持的利用存在差异，有人会主动寻求支持并充分运用；而有的人在可以获得社会支持的情形下却会拒绝外界帮助；有的人不懂得如何运用社会支持。个体只有充分、主动地利用社会支持，才能真正从中获益，维护身心健康（王玉花，2008）。也有少数研究者按照来源划分，比如 Zimet（1987）在编制领悟社会支持量表时把社会支持分为家庭支持、朋友支持和其他支持（包括领导、亲戚、同事等）。

社会支持是社区矫正对象心理适应的关键因素（Bahr et al.，2010；Pleggenkuhle，Huebner，and Kras，2016）。有研究证实，来自家庭的支持以及社会支持网络的建设可以有效阻止个体的犯罪行为（Cochran，2014；Mowen et al.，2019）。陈姝宏（2014）认为，社区矫正对象原有社会支持网络的"断裂"对其重构社会关系、尽快回归主流社会存在消极影响。井世洁（2010）也发现影响青少年社区矫正对象心理健康水平的重要因素，并非仅有他们本身的社会资源，而更多来自他们的主观社会支持和对社会资源的利用程度。随后井世洁（2012）进一步将社会支持细分为经济支持、求职支持和精神支持三个方面，结果发现不同方面的支持给青少年社区矫正对象带来的影响力也是不同的。

第二章 研究问题、意义与总体设计

第一节 研究问题的提出

一、已有研究的不足

目前关于社区矫正对象心理发展和变化的研究受到了社会学、心理学、政治学，以及经济学等领域研究者的广泛关注，也取得了许多有价值的研究成果。然而，目前研究还存在以下几点不足，需要未来进一步的探索。

第一，需要加强对社区矫正对象心理状况的深入关注度。目前有关社区矫正对象的相关研究主要集中在社会帮扶和法律教育，对社区矫正对象内在心理机制关注度不够。研究多关注社区矫正对象的社会融入、再就业、婚姻家庭、重新犯罪风险、法律权利、思想政治教育、家庭教育等方面，且以理论研究和质性研究居多（伍晋，2017；张静，2017）。社区矫正实践也是更多注重对社区矫正对象的监管和控制，对社区矫正对象的心理健康问题关注不足，心理学的相关研究少之又少。《中华人民共和国社区矫正法》（以下简称《矫正法》）强调要根据社区矫正对象的性别、年龄、心理特点、健康状况、犯罪原因、犯罪类型等情况，制定有针对性的矫正方案，而且社区矫正在理论和实践中都强调"适应回归社会"和"修复社会关系"。可见，社区矫正对象需要放弃原有的行为认知偏差，重新建立起价值观、文化规范和行为模式，再次被社会及公众接纳。因此，社区矫正对象回归主流社会是其自身心理机制和外在教化共同作用下完成的，其自身心理机制是社区矫正成功与否的关键，是真正实现《矫正法》立法目的的关键。所以，需要对社区矫正对象回归主流社会的心理适应状况进行精准的考察，尤其要关注个体因素和环境因素对其心理适应影响的内在机制，这些是保证心理矫治有效性的前提。

第二，需要对社区矫正对象心理现状的评估方案进行优化。在以往对社区矫正对象的心理状况研究中，心理变量的选择比较单一，且消极变量偏多。从对社区矫正对象自变量的选取上，国内研究较多考虑的是人格特征、消极情绪、不良生活环境（沈海英，2011；高梅书、张昱，2013；魏然，2012；张扬，2016；杨彩云，2018；金碧华，2020），对一些重要的积极心理变量如自尊、心理弹性、情绪调节策略的涉及较少；在结果变量上，多选择《症状自评量表SCL90》作为社区矫正对象已经适应社会、回归社会的单一指标（刘素珍等，2006；魏然，2012；杨玲等，2016），这样的结论难免单薄。正如前面所讲，社区矫正对象回归社会的过程，也是对他们人格的矫正和重塑的过程。因此，要通过幸福感、情感、认知等多方面的心理指标，考察社区矫正对象心理适应的效果，这样才能精准了解社区矫正对象主动应对压力和逆境的心理作用机制。

第三，需要进一步丰富相对剥夺的概念和结构，开发适应社区矫正对象的测量工具。目前关于相对剥夺感的研究对象主要集中在大学生、处境不利儿童（如留守儿童、流动儿童、离异家庭儿童等），应该拓宽其研究领域，比如社区矫正对象、老人、农村困难户、城市失业人员、农民工，以及经历重大疾病或自然灾害的特殊群体。同时，关于相对剥夺感的测量需要继续完善。相对剥夺感的心理结构涉及认知、情感等心理成分，涉及个体和群体的差异，涉及横向和纵向比较差异，并且在不同的特殊群体上侧重点不一样。但是目前在临床上所用的量表过于简洁和通用，比如马皑编制的相对剥夺感量表（马皑，2012），对于不同群体的测量没有进行准确区分。目前对儿童使用最广泛的是熊猛编制的儿童相对剥夺感量表（熊猛，2015），对大学生群体的个体剥夺感问卷由彭嘉熙等人编制并进行了信效度检验（彭嘉熙等，2021）。

第四，需要开展相对剥夺感对特殊群体心理适应的影响机制研究，拓展心理危险和保护因素两方面影响机制的研究内容。目前针对社区矫正对象相对剥夺感的实证研究较为缺乏，而相对剥夺感对社区矫正对象回归社会过程中心理适应机制的影响研究尚未展开。社区矫正制度的目的，就是犯罪人可以在社会各方力量的参与和帮助下，修复其受损的社会关系网络，改变其认知偏差。即使是身处困境的人，人性中仍然具备健康发展的潜力和优势，追求成功、尊严、健康，愿意更好地融入社会，成为有价值的人。因此，要想对社区矫正对象进行个性化、针对性的心理干预，不仅需要了解影响其心理适应的心理危险因素，还要挖掘他们的积极心理品质和外在环境的保护性因素；不仅要对社区矫正对象的主体特征进行分析，还需要关注其所在社会生态系统与个体的相互作用方式，方能促进他们从"犯罪人"尽快转变成"守法公民"。

第五，需要揭示相对剥夺感与心理适应二者随时间变化的动态作用关系和因果关系。社区矫正使社区矫正对象不与社会隔离，使其在正常的社会生态系统中生活、工作，就是希望通过系统中各个层级的力量恢复其社会功能，促使他们形成新的与主流社会相适应的、规范的行为系统。发展情境理论（Developmental Contextualism）认为个体前期对于特定情境刺激的反应会影响个体后期的进一步发展。而以往横断研究忽视了个体间的差异以及个体与情境的交互作用差异会随着时间推移使得不同个体进入不同的发展轨迹。因此，需要采用多个时间点测查的追踪研究设计，深入探查相对剥夺感与心理适应随时间发展而变化的作用模式和因果关系。

二、本研究拟解决的问题

1. 社区矫正对象相对剥夺感的结构与特点

近半个世纪以来，社会学家和心理学家对特殊群体的相对剥夺感进行了大量的理论和实证研究，也取得了很多有意义的研究成果。然而，以往的研究主要针对的是群体成员社会地位相对稳定的弱势群体。例如，荷兰苏里南人中少数民族群体相较于其他苏里南人（Koomen and Fränkel，1992）、巴勒斯坦学生相较于来自以色列的犹太学生（Moore，2003）、英国大学生相较于德国大学生（Zagefka，2013）等。而社区矫正对象的群体成员身份是犯罪后回到社区接受刑事执行、监督管理、危险控制和矫正教育，这种群体成员身份存在较大的可变性和相对隐蔽性，根据矫正情况可以改变自己的群体成员身份，比如刑满解除矫正或者收监执行。那么，对于群体成员身份存在暂时性、变化性的社区矫正对象，其相对剥夺感水平和发展特点如何？这是本书拟探讨的第一个问题。而要想全面了解社区矫正对象相对剥夺感的水平和特点，首先需要通过访谈等质性研究方法对社区矫正对象的相对剥夺感的概念和意义构建获得解释性理解，再进行深入、细致的描述和分析；然后在此基础上编制一份针对社区矫正对象相对剥夺感的有效测评量表。

2. 社区矫正对象相对剥夺感的影响因素

相对剥夺感的产生源于社会比较，受心理、社会、文化等多种因素共同影响。众多研究已经证实，来自人口学变量的影响因素有性别、年龄、父母婚姻状况、独生与否、家庭收入、受教育程度，以及贫困状况等方面（Zhang and Tao，2013；Moore，2003；Pettigrew，2008），来自个体的人格特质比如内—外控型人格、内外不同归因方式、歧视体验、知觉控制感、不平等感和社会认同等方面也会显著影响相对剥夺感

（Smith，2012；Koomen and Fränkel，1992；Moore，2003；Kawakami and Dion，1993；Sen and Pal，2013），以及来自社会环境的社会经济地位、社会支持、程序公正和参照群体等方面（王甫勤，2010；Zhang and Tao，2013；Mclaughlin et al.，2012）。那么，作为经历过司法公正，社会关系网络断裂和重组的社区矫正对象，其相对剥夺感的形成机制如何？可能存在哪些关键的个体和环境因素对其产生影响？这些影响因素的作用差异如何？只有深入了解影响因素对相对剥夺感的作用机制，才能更有效地消减和预防社区矫正对象的相对剥夺感。

3. 相对剥夺感对社区矫正对象心理适应的影响路径

在社区接受刑罚、矫正教育的社区矫正对象，其原有的社会网络系统出现断裂和错位，当回到原有的社会生态系统进行矫正，难免要在社会比较中重新评估自己的社会价值、人际关系，很容易陷入消极情绪和不良认知中，对其回归主流社会构成威胁。同时，即使是身处困境的人，人性中仍然具备健康发展的潜力和优势，愿意更好融入社会，成为有价值的人。因此，对社区矫正对象进行针对性的心理干预时，不仅需要面对其消极心理状况，还要挖掘他们的积极心理品质。那么，相对剥夺感对社区矫正对象心理适应的影响效应如何？有哪些心理危险因素和心理保护因素在其中起到显著的中介作用？这些问题的解决可以从减弱危险因素和增强保护因素两个方面，为综合开展社区矫正对象的矫正教育提供科学依据。

4. 相对剥夺感对社区矫正对象心理适应的纵向研究

从国内外关于相对剥夺感与心理适应的研究综述发现，对二者关系的探讨大多采用横断研究设计。无论是社区矫正对象的相对剥夺感还是心理适应，都可能随着时间发生变化。那么，相对剥夺感与社区矫正对象心理适应之间是因果关系还是相互作用的关系？随着入矫时间推移，

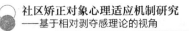
相对剥夺感是否会对社区矫正对象的心理适应具有长期影响？是否在相对剥夺感与社区矫正对象心理适应之间存在重要的中介变量？因此，追踪研究可为社区矫正对象相对剥夺感的预防干预提供理论依据。

5. 社区矫正对象相对剥夺感的内隐攻击性作用机制

研究发现相对剥夺感可能导致个体产生攻击性认知和攻击行为（杨雪、叶宝娟，2018；刘林海等，2022）。那么，社区矫正对象是经历过司法公正，被部分限制人身自由在社区服刑的罪犯，相对剥夺感是否对其外显和内隐攻击性存在影响？其外显和内隐攻击性是否会发生显著分离？不同相对剥夺水平的社区矫正对象，其外显攻击性和内隐攻击性是否存在差异？对社区矫正对象的内隐攻击性进行研究，可以更加精准地识别和考察社区矫正对象的心理适应水平，为更好地开展社区矫正工作提供实证资料和指导思路。

第二节　研究的意义

社区矫正对象规模巨大，已引起了政府和社会各界的高度关注。截至2021年，全国累计接受社区矫正对象537万人，累计解除矫正对象473万人（司法部，2021）。因此，系统考察社区矫正对象这一特殊群体的心理适应机制具有重要的理论价值和实践意义，这关乎社会的安全与稳定，是推进平安中国建设的重要内容。

一、研究的理论意义

第一，可以丰富相对剥夺感领域内的研究成果。社区矫正对象虽然在社区工作生活，但依然是罪犯身份，他们被限制部分人身自由，他们的社会信用和寻找新工作的机会受限，容易产生不如别人的挫败感和孤独感。国内外有关相对剥夺感的研究缺乏对社区矫正对象的关注，因此通过对社区矫正对象这一特殊群体的系统研究，有助于进一步拓宽相对剥夺感的适用范围，完善相对剥夺感的理论体系，并提高研究的生态效度。

第二，探索关键的个体因素和环境因素对相对剥夺感的影响及其作用差异，有助于深入揭示社区矫正对象相对剥夺感的产生机制，并为后续的干预研究提供参考。

第三，探索相对剥夺感与心理适应两者关系中心理危险和心理保护的影响及其作用差异、相对剥夺感与心理适应在时间连续上的交互作用机制，有助于完整理解相对剥夺感影响社区矫正对象心理适应的内在机制，并为后续的干预研究提供参考。研究结果有助于弥补该领域研究的不足，并为后续的研究奠定一定的基础。

二、研究的实践意义

第一，采用科学规范的量表研制程序，开发出一套专门针对社区矫正对象相对剥夺感的测评工具，有助于揭示在《矫正法》颁布后社区矫正对象的社会剥夺感状态和特点，剖析社区矫正对象的个体差异，为社区心理矫正工作提供更具针对性的建议。

第二，研究相对剥夺感对社区矫正对象心理适应影响过程中心理危险因素和心理保护因素的影响机制，有助于从减弱危险因素和增强保护因素两个方面为综合开展社区矫正对象心理适应水平的提升提供科学根据，帮助个体扭转对逆境的认知，发掘自身潜能，培养个人特质，提高应对困境的能力，从而顺利回归社会，并获得良好的发展结果。

第三，社区矫正对象的相对剥夺感是其心理不和谐的现实体现，本研究结果对于社区矫正对象相对剥夺感的科学干预和有效缓解具有指导意义，从而有助于提高社区矫正对象的心理和谐水平，帮助其顺利完成从"罪犯"到"社会人"的转变，增进社会和谐进程。

第三节　研究的总体设计

一、研究思路

通过前面系统的文献综述和理论分析，本书提出总体框架和技术路线。结合本章第一节提出的本书拟解决的 5 个主要问题，相应地分为 6 个部分，其中包括 9 个实证研究。本书总体框架和技术路线如图 2-1 所示。

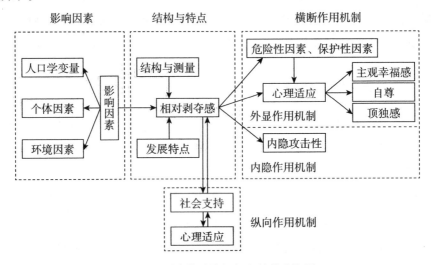

图 2-1　研究的总体框架和技术路线图

第一部分，采用访谈法质性研究探讨社区矫正对象相对剥夺感的结构、相对剥夺感对社区矫正对象心理适应的影响机制。质性研究是研究者在自然情境下对社会现象进行整体性探究、分析资料和形成理论。这部分采用访谈法，了解并归纳出社区矫正对象形成相对剥夺感的影响因素，这些因素对社区矫正对象心理适应的影响，以及在相对剥夺感与心理适应关系中的心理危险因素和保护性因素。

第二部分，为社区矫正对象相对剥夺感的结构与发展特点研究。通过文献研究和深度访谈法，初步确定社区矫正对象相对剥夺感量表的测量结构和原始项目；然后以社区矫正对象为施测对象，严格按照心理测量学要求，依次对量表数据进行描述性统计分析、项目分析、探索性因子分析、验证性因子分析以及信效度分析；最后采用该量表对社区矫正对象群体进行大规模广泛施测，以考察社区矫正对象相对剥夺感的总体水平及发展特点。

第三部分，为个体和环境因素对社区矫正对象相对剥夺感的影响研究。在前人研究的基础上，考察了社区矫正对象相对剥夺感的影响因素中，控制感、主观社会经济地位等个体因素和家庭社会经济地位、社会排斥等环境因素的影响效应及其效应大小，并进一步考察个体和环境因素对社区矫正对象相对剥夺感的预测作用差异。

第四部分，为相对剥夺感与社区矫正对象心理适应两者关系中心理危险因素和心理保护因素的影响及其作用机制。相对于社会层面的适应，心理适应是更高层次的适应，是社区矫正对象积极融入社会的内在指标。在具体的操作层面，心理适应常常以生活满意度、积极情绪和消极情绪作为心理适应指标的要素（Bremer，1997；Ano and Vasconcelles，2005；Juvonen et al.，2000；Chen et al.，2011；Houtzager，2004；范兴华，2012；赵郝锐，2017；段婉钰，2020）。以往的研究表明歧视知觉和道德推脱是社区矫正对象心理适应的消极预测因素（杨彩云，2022；张萌等，2018；刘奕林，2015），公正世界信念和心理弹性是社区矫正对象心理适应积极的保护因素（Osborne and Sibley，2013；房纯，2017；张梦柔，2017）。因此，这部分著者在考察相对剥夺感对社区矫正对象心理适应直接影响的基础上，进一步采用结构方程模型考察歧视知觉这种情绪因素和道德推脱这种认知因素作为心理危险因素的中介作用，以及心理弹性这种情绪因素和公正世界信念这种认知因素作为心理保护因素的中介作用。此外，本部分还综合考察了上述心理危险因素和保护因素对社区矫正对象心理适应的影响，确定了上述各影响因素对社区矫正对象心理适应的独立预测作用。

第五部分，为相对剥夺感与社区矫正对象心理适应的纵向追踪研究问题。尽管研究者都较为一致地发现相对剥夺感与心理适应存在密切联系（Beshai et al.，2017；Mishra and Carleton，2015），但究竟是相对剥夺感影响了心理适应，还是心理适应影响了相对剥夺感，或是二者相互影响仍不明朗。同时，研究发现健全的社会支持网络对社区矫正对象的心理适应尤其重要（徐进、张永伟、潘志强，2011；王洋洋，2013）。因此，这部分采用追踪研究设计，分别建构交叉滞后模型和纵向中介模型，探讨社区矫正对象相对剥夺感和心理适应的双向关系，以及社会支持的纵向中介作用；同时，通过访谈研究进一步细化不同社会支持对社区矫正对象心理适应影响的差异。

第六部分，为相对剥夺感对社区矫正对象内隐攻击性影响的实验研究。结合前面外显行为研究的基础，进一步考察相对剥夺感对社区矫正对象内隐攻击性的影响。社区矫正对象属于特殊的群体，虽然可以在社区生活、工作，但其身份是"罪犯"，需要在政府的监督管理和教育帮扶下，提高社会适应能力。其中一个重要指标就是对社区矫正对象攻击性认知和行为的关注和矫正。尽管诸多研究发现，服刑人员存在外显攻击性或内隐攻击性（云祥、李小平、杨建伟，2009；谭立，2020；赵亮等，2016；戴春林，孙晓玲，2007），但是对于社区矫正对象这一群体来说，外显攻击性或内隐攻击性的关系需要进一步明确。因此，这部分拟采用外显问卷调查和 IAT 内隐实验（Implicit Association Test，IAT），探索社区矫正对象的外显攻击性与内隐攻击性的关系，以及相对剥夺感对社区矫正对象外显攻击性和内隐攻击性的差异性影响。

二、研究假设

相对剥夺感影响社区矫正对象心理适应的机制研究需要广泛地收集

资料和数据，才能对两者之间的关系有一个清晰、深入的了解。根据前述文献回顾和初步研究，本书尝试性提出以下基本假设，有关假设提出的理论和文献在后面的章节中再详述。

（1）社区矫正对象的相对剥夺感是一个多维度、多层次的系统概念，包括横向相对剥夺和纵向相对剥夺两个维度。自编的社区矫正对象相对剥夺感量表具有较好的信效度。

（2）社区矫正对象的相对剥夺感整体并不明显，且随着入矫时间呈现出逐渐降低的发展趋势。社区矫正对象的相对剥夺感存在显著的性别、婚姻状况、受教育程度、工作状况以及入矫时间差异，男性社区矫正对象的相对剥夺水平高于女性社区矫正对象；不良婚姻状况（离婚或丧偶）会显著影响社区矫正对象的相对剥夺感水平；不同学历层次会显著影响社区矫正对象的相对剥夺感水平；工作在岗状态会显著影响社区矫正对象的相对剥夺感水平。

（3）社区矫正对象的心理适应水平存在显著的性别、婚姻状况、受教育程度、工作状况以及入矫时间差异，男性社区矫正对象的心理适应水平高于女性社区矫正对象；不良婚姻状况（离婚或丧偶）会显著影响社区矫正对象的心理适应水平；不同学历层次会显著影响社区矫正对象的心理适应水平；入矫时间越长，社区矫正对象的心理适应水平越高。

（4）在控制了人口统计变量之后，客观社会经济地位、主观社会经济地位、控制感对社区矫正对象的相对剥夺感具有显著的负向预测作用，社会排斥具有显著的正向预测作用。

（5）相对剥夺感对社区矫正对象的心理适应水平具有直接预测作用，并且通过歧视知觉和道德推脱这两种危险性因素的中介作用间接影响社区矫正对象的心理适应水平。

（6）相对剥夺感对社区矫正对象的心理适应水平具有直接预测作用，并且通过心理弹性和公正世界信念这两种保护性因素的中介作用间接影响社区矫正对象的心理适应水平。

（7）相对剥夺感与社区矫正对象心理适应在纵向时间上具备因果关联，领悟社会支持在两者之间存在纵向中介作用。

（8）社区矫正对象的内隐攻击性与外显攻击性显著分离；高相对剥夺水平的社区矫正对象的外显攻击性和内隐攻击性显著高于低相对剥夺水平的社区矫正对象。

第三章　社区矫正对象相对剥夺感的访谈研究

在这一章中，著者将采用访谈研究的方法，从现象学的认识论出发，对社区矫正对象在社区接受刑事执行、矫正教育的过程中，其相对剥夺感的心理特点以及对其顺利回归社会的影响机制进行研究。访谈研究是一种重要的质性研究方法。质性研究与量化研究不同，是研究者在原生态情境下采取各种资料收集方法，通过与研究对象互动，在资料归纳的基础上进行整体性研究，从而对社会现象构建解释性理解的研究方法（陈向明，2001）。质性研究更适合对研究者不熟悉的现象进行探索性研究，通过开放的方式了解当事人看待问题的方式和观点，从微观层面对社会现象进行比较深入、细致的描述和分析，深入地了解事物的复杂性，同时采用归纳法进行自下而上的理论构建。鉴于目前我国学术界对社区矫正对象相对剥夺感的结构、影响及其作用机制了解不深，采用质性研究方法对此进行探讨较为适宜。

第一节　研究目的

运用对访谈内容的质性分析，从社区矫正对象的视角出发来探究其接受刑事执行和矫正教育过程中的心理特点与过程，构建社区矫正对象相对剥夺感的理论结构和影响因素，以及这些对社区矫正对象心理适应的影响。具体的研究目标如下。

（1）探讨社区矫正对象在社区接受刑事执行和矫正教育的过程中，可能产生相对剥夺感的危险因素。

（2）探讨相对剥夺感给社区矫正对象心理适应带来的不利影响。

（3）探讨对社区矫正对象相对剥夺感与心理适应关系起中介作用的保护性因素和危险性因素。

第二节　研究方法

一、访谈对象

与量化研究对样本代表性的要求不同，质性研究的理论抽样需要先锁定研究问题，根据研究问题的目的选择访谈对象。本书想要考察的问题是"社区矫正对象相对剥夺感对其心理适应的影响机制"，基于这样的研究目的，研究者确定研究对象为纳入社区矫正范围的罪犯以及社区矫正机构的工作人员。其次，要根据访谈过程中呈现的问题，适当修改访谈方法和访谈提纲，以确保研究问题能够清晰呈现。

本研究采用理论抽样方式首先选取湖北省 X 市司法局管辖范围内的社区矫正对象作为访谈被试的来源，共涉及 8 个县市区。根据性别、年龄、入矫时间的差异随机抽样 10 人进行访谈。受访社区矫正对象中，男性 7 名，女性 3 名，入矫时间从 5 个月到 4 年不等，年龄从 22 岁到 40 岁。受访社区矫正对象基本信息如表 3-1 所示。

表 3-1　受访社区矫正对象人口学特征

对象编号	性　别	年　龄	婚　姻	学　历	已入矫时间	目前职业
A01	男	37	已婚	大专	3 年	销售
A02	男	30	已婚	初中	1 年 5 个月	房产中介
A03	女	30	已婚	初中	2 年 6 个月	服装导购

续 表

对象编号	性 别	年 龄	婚 姻	学 历	已入矫时间	目前职业
A04	男	40	已婚	初中	6个月	建筑工人
A05	女	26	已婚	初中	3年	在家
A06	男	23	未婚	初中	11个月	外卖员
A07	男	51	已婚	大专	4年	销售
A08	女	22	未婚	中专	5个月	电商
A09	男	33	已婚	中专	6个月	销售
A10	男	27	未婚	初中	1年10个月	销售

其次，根据研究问题抽取社区矫正机构的工作人员作为访谈对象。政府司法行政部门主管本行政区域内的社区矫正工作，各级社区矫正局（以下简称社矫局）和司法所开展本辖区内的社区矫正工作，对本辖区内社区矫正对象的监督、教育、管理工作负有主要责任。因此，本研究选择社区矫正局和司法所4名工作人员进行访谈，基本信息如表3-2所示。

表3-2 受访社区工作人员人口学特征

对象编号	性 别	年 龄	学 历	工作时间	职 务
B01	男	54	大专	28年	社矫局主任
B02	女	30	本科	8年	社矫局工作人员
B03	男	42	大专	16年	司法所所长
B04	男	40	大专	13年	司法所工作人员

二、访谈提纲

针对社区矫正对象的访谈主要包括以下问题。

（1）目前在社区接受矫正教育和刑事执行，您觉得自己工作和生活跟之前有哪些很显著的变化？对此，您有什么感受？

（2）从开始进入社区矫正到现在，您是否已经适应了现在的状况？有哪些事情让您困扰，又有哪些事情让您感动？

（3）同在社区工作生活，跟周围同龄人相比，您有哪些不一样的感受？

（4）跟入矫之前自己的工作生活状态相比，您有哪些不一样的感受？

（5）（根据被试前面的回答适时提问）现在因为触犯法律在社区服刑，自己的家庭、工作、生活可能发生了一些不好的变化，这些变化可能会对您的心情产生不好影响。您认为有哪些因素可以帮助自己克服这些不好影响？有哪些因素可能使得这些不好的影响更为加重？

（6）社区矫正对象在社区接受监督管理、教育帮扶，依法享有人身权利、财产权利和其他权利不受侵犯，在读书、就业，以及享受社会保障等方面不受歧视。您是如何看待社会支持网络对您顺利回归社会发挥的影响和作用？

社区矫正机构工作人员的访谈提纲内容与社区矫正对象的访谈提纲基本相同。访谈时，除收集受访对象的基本信息外，根据受访对象的身份对称呼做适当改变，比如"您辖区内的社区矫正对象"。

三、访谈者的主观背景

本书著者为心理学副教授，近十几年来一直从事心理学教学、科学、社会服务工作，在理论方面对特殊人群的心理发展规律较为熟悉；同时，对社会特殊人群的心理服务和心理干预有丰富的经验，一直与当地司法局保持合作关系，通过科研项目和社会服务持续为当地1000多名社区矫正对象进行心理测评、心理健康教育讲座、个体和团体心理辅导等。著者长期关注矫正社区对象回归社会的心理机制和心理干预，积累了一些相关的研究经验为本次访谈研究的顺利开展奠定了基础。

另外2名访谈者均为心理学副教授，也一直承担当地特殊人群（包括社区矫正对象）心理健康服务的工作，熟悉社区矫正对象的生活状况，具备丰富的访谈经验。

四、访谈过程

1. 设计访谈提纲

根据总体研究设计，研究者根据研究问题初步编制出访谈提纲，在与司法所工作人员和心理学教授进行了多轮讨论后，初步确定访谈提纲，并以社区矫正对象的性别、年龄、入矫时间等作为选择访谈对象的依据。

2. 预访谈

访谈者由 3 名心理学副教授组成，由 3 名心理学专业学生做助手和整理资料。每人预访谈的人数为 3 ～ 4 人，访谈员可相互旁听。最初采用团体焦点访谈模式，通过某个司法所开展法律教育的机会，集中对 3 名社区矫正对象进行预访谈。预访谈的结果是获得了社区矫正对象回归社会过程中的一般心理发展和变化；熟悉了社区矫正对象的语言特点；对访谈提纲和访谈方式进行了修改，形成了正式的访谈提纲。同时发现社区矫正对象对谈话比较敏感，担心影响自己的表现而不愿意轻易表露真实想法，尤其是消极想法。因此，研究者修改了访谈方式，选择了以一对一的方式在相对安全的空间进行正式访谈，要求访谈者的态度中立，不带入访谈者的价值判断，对受访者采取尊重和接纳的态度。

3. 正式访谈

首先，与受访者建立信任关系。因为访谈者是一直从事社区矫正工作的志愿者工作，经常对社区矫正对象进行社会心理服务工作，了解他们的顾虑和心理，因此社区矫正对象比较容易消除紧张和顾虑，容易产生信任；其次，在访谈过程中对受访者表达同理心，具有亲和力，不做价值评价，保持访谈氛围温暖而真诚。同时，在访谈过程中不完全拘泥于访谈提纲，结合受访者的性格特点、语境变化适时调整提问顺序，必要时进行层层追问，最大限度保证访谈主题突出，可以获得更丰富的细节信息和概念。所有访谈均在司法所或矫正局的心理咨询室中一对一面对面进行，征得受访者同意后，对访谈过程进行了录音和记录。

访谈结束后，访谈者及时记录下对每个受访者的整体印象、想法和感受，整理笔记、记录遇到的问题，讨论与交流访谈中存在的问题，总结访谈技巧与策略，为下一次访谈提供支持。

五、访谈资料的整理与分析

1. 访谈转录成文本

每次访谈结束，访谈者及时将访谈录音逐字逐句转录成文本，然后对照录音资料进行核查、校对，确保文字资料的准确性和客观性。所有的访谈录音转录成功后，各位访谈者一起探讨整个访谈过程中受访者的心理过程，探索资料分析过程的关键点以及主题归纳的思路。最终转录完成的原始文本资料（包括预访谈）共10个访谈录音，单次访谈时间在45分钟到65分钟之间。

2. 资料分析的总体过程和原则

按照下列步骤对资料进行分析：首先，研究者通读有关社区矫正对象回归社会的文献资料，熟悉社区矫正对象接受矫正教育和监督管理的相关资料和数据，寻找其中的意义和相关关系；其次，采用扎根理论的编码方法对文字资料逐层进行内容分析，抽取出社区矫正对象相对剥夺感的结构及其对心理适应的影响的理论；最后，从相对剥夺感对社区矫正对象心理适应的影响中归纳出心理危险性因素和保护性因素。

资料分析过程中，遵循的总体原则有以下两条。

第一，以资料驱动为主。在全面掌握各种资料的基础上，自下而上抽离归纳出可以表征社会现象的核心概念，进而对社会现象构建解释性理解，最终形成理论框架（陈向明，2006）。以往有研究者考察过社区矫正对象的心理困境，但是对于社区矫正对象在社会比较中产生相对剥夺感的心理机制过程并不清楚。因此，本书通过与受访者的互动和深度访谈，逐渐清晰地呈现社区矫正对象产生相对剥夺感的特点和结构。

第二，类属分析与情境分析相结合。类属分析是指在资料中将反复出现的现象进行归类比较，用概念进行命名。类属分析突出表现资料之间的异同，并强调资料的有关主题，其不足之处是有些资料由于无法归入先定的框架而被遗漏（陈向明，2006）。情境分析法是将被研究者或社会现象放置于自然生态环境中，对其进行客观描述性分析，体现事件发展的连续性和流动性。这种方法更贴近当事人的生活事实，能够从现实情境的角度建构理论；其不足之处是容易让研究者陷入故事的情境之中。类属分析与情境分析各有利弊，在实际分析中它们可以相互包容，相得益彰。本书将结合这两种方式对社区矫正对象的相对剥夺感进行研究，在分析资料中充分挖掘访谈资料的内涵，努力提高研究的可靠性。

第三节　结果分析

访谈对象有社区矫正对象和社区矫正工作人员两类对象，呈现结果时，将两类对象对同一问题的表述归纳在一起。社区矫正对象的心理变化归为三类：第一类是入矫后，社区矫正对象生活工作环境的显著变化；第二类是与同龄人相比，社区矫正对象的心理变化；第三类是与入矫前的自己相比，社区矫正对象的心理变化。社区矫正对象心理适应的变化归为两类：第一类是入矫后，社区矫正对象心理适应的变化；第二类是影响社区矫正对象心理适应的保护性因素和危险性因素。

一、入矫后社区矫正对象生活工作环境的显著变化

1. 家庭经济水平的消极变化

入矫后，有9名社区矫正对象感觉自己的家庭经济水平下滑。例如，A04认为"现在不能去外地打工，本地事情也不好找。家庭经济条件一下子紧张了，尤其是现在两个孩子读书"；A07回忆"以前过的日子可能太潇洒了，现在感觉捉襟见肘，只能改变以前大手大脚的习惯了"；B03对辖区内的社区矫正对象情况比较熟悉，认为"有些人读书少，家庭条件不好就想着走捷径，结果更糟糕；还有些人其实本身经济条件不错的，就是老跟以前比，心理就有些失衡了"。但是有1名未婚的社区矫正对象认为入矫后对自己经济条件影响不大，例如，A08说"以前就是爸妈养着我，现在我只要乖乖听话在家，爸妈说跟以前一样"。

2. 职场资源减少

入矫对之前在外地工作的人影响更大，可能使其拥有的资源大幅度减少。例如，A01说"之前一直在杭州工作多年，几乎就算是落户在杭州了。现在举家回原籍进行社区矫正，只能找临时工作过渡，好像没什么社会资源了，不知道解矫后还能不能回到从前"；A06说"以前我在外地打工，现在回来好久都不习惯，目前只能先做外卖，起码待遇还可以"。B03司法所所长说"社区矫正对象的人身自由被部分限制，他们从事工作的地点和性质就有一定的限制，肯定或多或少对他们的生活质量有影响，这也是他们需要付出的代价"。

二、与同龄人相比，社区矫正对象的心理变化

1. 人际交往圈收缩

大多数社区矫正对象（超过半数）认为自己犯罪跟不良朋友交往有一定关系，因此在入矫后大都选择跟之前的同伴疏远，而且结交新朋友的动力不足。例如，A06 说"对朋友有了新的认识，目前不准备结交新的朋友，现在重新认识了父母的好，（遇到任何困难）都只找家人"；A03 回忆"之前就是一个同学介绍进的这家公司，后来才知道业务跟电信诈骗有关，现在不想多结交新朋友，说不定别人也嫌弃你犯过罪。我觉得自己失去结交新朋友的资格了"。B01 也反映，大多数社区矫正对象在社区矫正期间，社交活动大都局限于非常亲密的亲朋好友，一般不想过多扩展自己的人际交往圈，可能也是源于不想惹是生非、认为那样对自己不利。

2. 自我价值感降低

多数（7 名）社区矫正对象认为在社区接受刑事执行是自己人生的污点，跟同龄人相比有自卑感，觉得自己各方面不如同龄人，已经失去了社会地位和社会资源。例如，A07 之前是村干部，说"现在我啥都不是，估计就是别人的笑话，没脸见人"；A09 认为"现在朋友圈里面我是混得最差的，虽然别人没有明说，我还是抬不起头"。B02 司法所工作人员说"很多社区矫正对象来办理入矫手续时，都是后悔得不行，觉得以后就低人一等了"。

三、与过去的自己相比，社区矫正对象的心理变化

1. 有更多的反思自省

多数（8 名）社区矫正对象重新审视了自己的过往，有了不一样的

认知和反思。例如，A05 说"以前觉得钱很重要，现在觉得家人很重要，很后悔自己的事情让家庭蒙羞"；A01 认为"现在状态就像急刹车，生活脱离了原来的轨道，过去的事情总在头脑里放电影，有些东西没有了就是没有了，回不来了"；A02 感叹"现在跟过去比，失去了很多机会和资源，心里不甘心，但也无可奈何"。司法所工作人员 B01 和 B04 也反映跟社区矫正对象沟通思想时，发现他们很容易陷入跟过去的比较中，产生各种消极情绪。如果原本家庭状况不好就压力更大。当然，他们都认识到要努力洗心革面，希望重新开始。

2. 情绪复杂，负性情绪增多

多数（8 名）社区矫正对象消极情绪增多，存在后悔、焦虑、抑郁、内疚、迷茫等消极情绪。例如，A10 说"很对不起父母，出事时还是父母全心帮自己，很后悔，不知道将来有没有机会补偿他们"；A07 回忆"我是农村出来的，混到现在也不容易，最后晚节不保，真是愧对孩子老婆"。社区矫正人员（4 名）普遍认为，社区矫正对象刚入矫时，情绪是最低落的，主要就是后悔、焦虑。也有少数（2 名）社区矫正对象能积极面对困境，例如，A06 说"通过这件事我才认识到父母的好，我现在下班就回家陪他们，赚的钱都上交，大家关系比以前好多了"。

四、入矫后，社区矫正对象心理适应的变化

一方面，多数社区矫正对象认为他们在社区矫正机构的监管下能较好适应，认识到自己的犯罪行为对社会造成的危害，自愿接受监督教育，顺利回归社会。例如，如 A08 说"我认识到自己确实错了，也愿意接受惩罚，这也给了我一个机会重新认识自己"；A03 认为"犯罪了才知道不能走捷径去赚钱，我现在就老老实实上班，我已经牵连孩子未来了，就更应该给孩子做个表率，好好培养孩子"；A02 说"刚开始很不适应，总觉得处处低人一等，害怕太多人知道，但是后面慢慢就适应

了，生活总是要往前继续的"。

另一方面，也有个别社区矫正对象认为心理适应比生活适应、工作适应更艰难、进度更慢。他们害怕别人的歧视，也放不下过去的错误，对未来希望渺茫。心理特征主要体现在幸福感低、自尊感低、孤独。A04 说入矫后情绪一直低落，"我这个年纪上有老下有小，学历不高，现在工地上打工，老婆总埋怨我，孩子也觉得丢人。想起这些就觉得自己多余，是个罪人"；A09 认为"我性格内向，朋友也很少，现在更是不敢多说话，人多的地方不想去"。

社区矫正机构工作人员一致认为，社区矫正对象心理适应情况存在较大的个体差异。例如，B01 认为"犯罪入刑对每个人来说都是很严重的事情，有的人能认识到自己的错误，有正确的认知就可以重新开始；有的人可能就要过很久才能走出来，还是要看个人"；B03 也说"这些人在社区接受监督管理，表面上可能和其他人一样，但身份本质上是罪犯，所以要尽快适应这种生活，确实需要强大的心理"。

五、影响社区矫正对象心理适应的保护性因素和危险性因素

研究者在多次访谈中发现，众多个体心理因素对社区矫正对象的心理适应有较大的影响。公平感、控制感、家庭支持、社会支持、受歧视、推诿、心理弹性是受访者提及较多的内容。因此，下面就从心理保护因素和心理危险因素两个方面进行分析。

1. 心理保护因素

从心理保护因素看，首先，公正世界信念对社区矫正对象的心理适应有明显的积极影响。其中，多数（8 名）社区矫正对象认为自己的行为受到法律制裁是公正的，能在社区接受监督管理给了自己改正的机会。例如，A01 认为"这次事情给了我一个沉重的教训，不能有侥幸的心理，还是要稳稳当当地做事做人"；A08 说"以前爸妈宠着，做事很

任性，现在栽了个跟头，知道对错了"。其次，在社区接受监督管理、人身自由被部分限制对社区矫正对象而言，积极乐观的心理弹性往往有助于他们更快地适应社会。多数社区矫正对象（8名）对自己的行为能赋予积极意义，正确面对压力，保持情绪稳定。例如，A10说"我现在还年轻，谁的一生没有犯过错，我以后就凭劳动赚钱"；A05认为"我心情不好时，就想想自己的孩子，一定要为孩子做个好榜样"。

在访谈中，几乎所有社区矫正对象都能感受到来自家庭、朋友、司法所工作人员的物质支持和情感支持，这些支持有利于他们更快适应社会，保持家庭生活的稳定性。例如，A06认为"我现在最感谢的就是父母对我的支持，就是为了他们我也会好好工作，我现在赚的钱都交给他们保管"；A01说"我和家人从杭州回到这里，司法所的人都很理解我，有什么困难我也直接告诉他们"。

2. 心理危险因素

从心理危险因素来看，首先，在访谈中发现有少数社区矫正对象（2名）会对自己触犯法律的行为寻找外在环境的理由，不能深刻认识到自己的主观错误，内心存在不平衡的心理，有道德推脱的倾向性。社区矫正机构的B01和B03也强调，"我们经常针对社区矫正对象进行法治教育，增强他们的公正信念，勇于承担责任和法律公正，让他们真正认识到社区矫正的意义"。其次，也有少数社区矫正对象（2名）情绪稳定性比较弱，不善于进行情绪调节，容易感受到周围人对自己的歧视。例如，A07说"找工作时，有的老板会问你是否有犯罪记录。这个时候我就在想这个工作可能又黄了"。事实上，访谈中研究者也发现社区矫正对象在再就业的过程中，招聘者往往能知道他们被判处在社区接受刑事执行，这是社区矫正对象产生歧视知觉的来源。社区矫正机构的B02和B04也认为"社区矫正是心理矫正的过程，可能要面对其他人的异样眼光和议论，因此他们要学会自我调适才能更好地回归社会"。

第四节　问题探讨

本研究采用半结构化访谈对社区矫正对象和所在辖区社区矫正机构工作人员开展访谈，探讨了以下几个问题：①入矫后社区矫正对象生活工作环境有哪些变化；②与同龄人相比，社区矫正对象的心理变化；③与入矫前自己相比，社区矫正对象的心理变化；④入矫后社区矫正对象心理适应的变化；⑤影响社区矫正对象心理适应的保护性心理因素和危险性心理因素。

一、入矫后社区矫正对象的心理变化

在社区矫正对象生活工作环境的变化方面，本研究得到了以下结果：对绝大多数社区矫正对象而言，入矫后家庭经济条件不同程度地出现了消极变化，职场资源也减少了。社区矫正对象人群中高学历比例较少，犯罪前的工作岗位特点大多是低技能岗位，工作待遇低，流动性大，当他们回到原生环境中接受监管和矫治，"犯罪人"身份所带来的新问题会使他们面临更大的就业压力。因此，无论是在客观的家庭经济水平还是主观经济地位上，社区矫正对象都会有不如从前的感受。

入矫后社区矫正对象的心理变化主要体现在两个不同的参考体系比较上。在跟同龄人的比较中，首先，研究结果发现社区矫正对象会有意识、主动地去缩小自己的人际交往圈。社区矫正对象属于罪过较轻、主观恶性不大、恶习不深的罪犯，犯罪起因往往是受到不良损友的诱惑和朋友圈的影响，因此在判罪入矫后会有意识远离之前的圈子，同时他们"犯罪人"的身份也大大减弱了结交新朋友的动机；其次，研究结果也发现社区矫正对象跟同龄人相比有较低的自我价值感。社区矫正本质上是一种非监禁刑事执行活动，对社区矫正对象的社会关系网络、就业、家庭、人际交往、人生规划都会产生较大影响。这种影响可能使得社区矫正对象需要长期面对一系列不利于自我发展的危险因素，容易降低他们的自我价值感。在跟过去的自己比较中，研究结果发现社区矫正对象容易陷入反刍思维中，消极情绪增多。犯罪入矫对普通人属于比较严重的负性事件，对个体而言是人生发展进程的断裂，对他们的社会信用和适应社会带来限制和局限，因此容易让社区矫正对象陷入反复的思考和后悔、焦虑、抑郁、内疚、迷茫等消极情绪中。总而言之，无论是跟同龄人的横向比较，还是跟过去自己的纵向比较，都让社区矫正对象感受到自身处于较低地位，进而产生抑郁、焦虑和不满等情绪的心理，即相对剥夺感。

二、入矫后社区矫正对象心理适应的变化

本研究发现，入矫后社区矫正对象的心理适应相较于工作适应、生活适应会更艰难，并且具有较大的个人差异。社区矫正对象的心理适应指标主要体现在幸福感、自尊和孤独感上，包括了认知和情感两方面。国内研究者认为社区矫正对象普遍存在较多负面心理，自卑、孤独、自制力差，情绪波动大，有比较多的认知偏差（刘素珍等，2006；沈海英，2011；魏然，2012；杨玲等，2016；张扬，2016）。杨彩云（2022）认为，社区矫正对象虽然在社区工作生活，但依然带有罪犯身份，给他们的社会信用和寻找新工作带来限制和局限，加之人们对这个群体的认识也可能带有歧视和偏见，容易给社区矫正对象的心理适应造成困扰和压力。

综合以上结果，可做如下推断："罪犯"和"社区成员"的双重身份使得社区矫正对象在与同龄人的横向比较和过去自己的纵向比较中产生相对剥夺感，影响社区矫正对象融入社会的效果，给社区矫正对象带来价值感、情绪、认知的消极影响。

三、影响社区矫正对象心理适应的保护性因素和危险性因素

研究还发现，影响社区矫正对象心理适应的个体因素可以分为保护性心理因素和危险性心理因素两大类。

在访谈中，研究者发现影响社区矫正对象心理适应的保护性心理因素有公正世界信念和心理弹性。公正世界信念的核心是在这个公正世界里，人们得其所应得，所得即应得（Maes and Kals，2002）。社区矫正对象是经历过法律公正判决并体验着特殊改造环境的人员，公正世界信念有助于服刑人员的社会适应，对其消极情绪具有调节缓冲作用（郭英、张梦柔，2016）。公正世界信念的提高有助于个体对司法公正性的认知，使其体验到更多幸福感，坚定改造信心（张文新等，2012）。

心理弹性是指个体在高压力情境中所显现出适应良好的综合能力，包括乐观、理性、控制感、效能感、情绪调节等方面（Germezy，1991；Werner，1995；Connor，Dacidson，and Li-Ching，2003）。在社区接受矫正和监督管理对个体来说是比较严重的负性事件，社区矫正对象可能面临家庭收入减少、社会支持减弱等困境，而心理弹性作为一种积极的心理调节机制，可以提高个体在挫折中成长的能力，缓解个体在压力事件中受到伤害进而影响到个体的身心健康（漆瑞，2016）。费梅苹、张晓灿等人（2020）也强调了社区矫正对象的心理弹性即复原力对其心理矫正工作的重要性。

在访谈中，研究者还发现影响社区矫正对象心理适应的危险性心理因素有歧视知觉和道德推脱。歧视知觉是相对于客观歧视而言的一种主观体验，是个体因自身及所属群体成员的社会资格有所不同而感受到的不公平对待。这种不公平对待会使被歧视者产生负性、伤害性结果，具体通过拒绝性行为动作、消极态度表现出来（Major，Quinton，and Mccoy，2002）。社区矫正对象作为特殊群体对外界环境的态度极为敏感，对歧视的知觉会让他们感受到来自外界的威胁，使得他们在社会交

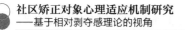

往中更多地选择回避，影响其更快回归社会（杨彩云，2022）。

道德推脱是一种个体用以分离自身非道德行为与内在价值标准，以避免道德自我制裁的认知机制（Bandura，2014）。道德推脱是一种逃避机制，这类机制推动个体对自己的错误行为进行认知重构，为错误行为做出辩护，将个体在实施错误行为中应该承担的责任最小化，或者将自己行为的责任归因于权威人物或者外界的压力。研究证实，道德推脱水平高的个体一直以来的攻击行为发生率也较高（王兴超，2014）。虽然社区矫正对象的罪行相对较轻，对社会危害较小，但是道德推脱会减少违法行为给自身带来的道德负罪感，不利于社区矫正对象深刻认识自己的错误，进而对其心理社会适应产生消极影响。

访谈中，研究者还发现了社会支持系统对于社区矫正对象心理适应的重要性。生态系统理论认为，个体的发展是内部因素和外部环境共同作用的结果，外部资源通过内部资源作用于个体。来自家庭、朋友、社区的支持，能促使社区矫正对象尽快消除不良心理或心理障碍，更好地融入新环境。因为社区矫正对象原有社会支持网络本来就存在着一定程度的错位和断裂，入矫后他们要面临社会支持网络重构的问题，还要应对他人对自己的异样评价，很容易出现更严峻的社会支持危机。研究也发现社会支持能显著预测服刑人员改造效果和融入社会（王洋洋，2013）。

第五节　结　论

第一，入矫后大多数社区矫正对象家庭经济条件出现了消极变化，职场资源减少；在跟同龄人的比较中，社区矫正对象人际交往圈缩小，有较低的自我价值感；在跟过去的自己比较中，社区矫正对象容易陷入反刍思维中，消极情绪增多。

第二，"罪犯"和"社区成员"的双重身份使得社区矫正对象在社会比较中产生相对剥夺感，影响社区矫正对象融入社会的效果，给社区矫正对象带来价值感、情绪、认知的消极影响。

第三，影响社区矫正对象心理适应的心理保护因素有公正世界信念和心理弹性，心理危险因素有歧视知觉和道德推脱。

第四，来自家庭、朋友、社区的支持，能促使社区矫正对象尽快消除不良心理或心理障碍，更好地回归社会。

第四章 社区矫正对象相对剥夺感的结构、现状和影响因素

第一节 研究一：社区矫正对象相对剥夺感问卷的编制

一、研究目的与假设

自 1949 年美国社会学家 Stouffer 等首次在《美国士兵》一书中提出"相对剥夺感（relative deprivation, RD）"这一概念以来，如今相对剥夺感已经成为心理学的重要研究课题，尤其在中国构建和谐社会的时代背景下，维护和完善社会公平机制，提高人们获得感和幸福感成为每个人的追求。

社区矫正对象依法被安置在社区内，由专门的国家机关在相关社会团体和民间组织的协助下，矫正其犯罪心理和行为恶习，并协助其尽快适应社会。社区矫正对象虽然表面上跟正常人一样在社区生活、工作，但其本质是"罪犯"，其人身自由被部分剥夺，部分权利被限制，这会对其心理状况有较多消极影响。因此，不论是与自己的过去相比，还是与社区其他居民相比，社区矫正对象都容易体会到自身处于劣势地位而产生不公平感或者被剥夺感。这种被剥夺感不仅使他们丧失现实生活中的很多机会，还使其产生较多负性情绪（Beshai，2017），阻碍其顺利回归主流社会。相对剥夺感或许已成为影响社区矫正对象不良适应的风

险因素之一，但这也为理解社区矫正对象心理适应的内在机制提供全新的视角。

但是目前在临床上所用的量表过于简洁和通用，如马皑编制的相对剥夺感量表（马皑，2012），其对于不同群体的测量没有进行准确区分，尚未见到有关社区矫正对象相对剥夺感的测评问卷或量表。要想系统把握社区矫正对象相对剥夺感的发展水平和一般特点，首先需要一套科学规范的测评工具。鉴于此，本研究在文献分析和实地访谈的基础上，采用科学规范的量表研制程序，初步编制了一份针对我国社区矫正对象相对剥夺感的测评量表，从而为后续的实证研究奠定基础。

二、研究过程

1. 量表维度的确定

首先，相对剥夺感是指个体或群体通过与参照群体横向或纵向比较而感知到自身处于不利地位，进而体验到愤怒和不满等负性情绪的一种主观认知和情绪体验。这里的参照群体可以是横向的某一个体或群体，也可以是个体或群体过去、未来或渴望的状况（郭星华，2001；孙灯勇、郭永玉，2016）。根据这个定义可以得出相对剥夺感应该包含认知成分（主观认知）和情感成分（情绪体验）两个核心维度。

其次，社区矫正对象属于特殊群体，他们在社区工作和生活，但本质上还是"罪犯"。与其他群体不同，社区矫正对象是犯罪后回到社区接受刑罚、监督管理、危险控制和矫正教育，其身份具有相对隐蔽性的特点。矫正过程中，社区矫正对象之间私下几乎不来往，在日常工作和生活中较少主动向周围人坦诚自己的身份。除了在司法所集中矫正教育和社会服务，社区矫正对象很少以群体的形式参与社会生活，因此社区矫正对象对"群体"的概念相对比较模糊。

反而，"社区成员"和"社区矫正对象"的双重身份使得他们更容易陷入与社区居民的横向比较，以及与自己过去的纵向比较中。李俊（2004）认为，纵向比较也是相对剥夺感的重要来源。因为价值期许是产生相对剥夺感的重要条件，个体往往希望自身生活状况是持续、稳定地向前发展，否则个体就会感到相对剥夺。研究也发现在不同群体中，横向相对剥夺和纵向相对剥夺的侧重点可能会有所不同（Smith et al.，2012）。对于一般工作群体来说，可能横向相对剥夺较为显著；而对于农村籍大学生、农民工、老年人以及人生进程遭遇断裂的人来说，可能纵向相对剥夺感更为强烈（熊猛、叶一舵，2016；翁堂梅，2018）。据此可以判断，社区矫正对象相对剥夺感的结构也可以概念化为如下四种。

（1）横向—认知 RD：社区矫正对象通过与同龄人相比，感知到自身处于不利地位。

（2）横向—情感 RD：社区矫正对象通过与同龄人相比，对自身处于不利地位感到不公平、愤怒、不满。

（3）纵向—认知 RD：社区矫正对象通过与过去的自己相比，感知到自身处于不利地位。

（4）纵向—情感 RD：社区矫正对象通过与过去的自己相比，对自身处于不利地位感到不公平、愤怒、不满。

2. 初测量表的形成

本研究主要通过以下 3 种方法来收集相对剥夺感的初始项目。

第一，文献分析。通过对国内外社区矫正对象、相对剥夺感，以及问卷编制相关论文的整理与分析，了解社区矫正对象的心理状况、相对剥夺感的作用机制与影响因素以及问卷编制的方法等，为后续探究社区矫正对象相对剥夺感的结构和问卷编制奠定基础。

第二，深度访谈。在文献分析的基础上编制半结构化访谈提纲，以一对一访谈的方式对 10 名社区矫正对象进行半结构式访谈，分 3 次完成访谈，每次访谈时间设为一个小时。在访谈前声明此次访谈对外保密且不会对他们造成任何影响，本次活动仅供学术研究。在征得受访者同意后，对访谈过程进行录音并做记录。访谈者根据事先准备好的访谈提纲首先对受访者进行基本情况的了解以拉近距离，接着根据提纲上的问题与受访者进行深入交流，提纲上的问题不必一次提出，访谈者需要根据受访者的实际情况对其进行深入了解与探究，在主要问题都询问完后，访谈者需要对受访者的整体情况做一个总结，故而最后需要受访者对自己目前的情况做一个打分与排序，以便后面研究者对访谈内容进行梳理。访谈提纲见附录 1。

第三，开放式调查。在深度访谈的最后，要求受访者结合其在社区生活工作的实际情况，尽可能详尽地列出社区矫正对其工作生活影响最大的方面，并按重要性先后排序。为了收集到更为真实的信息，在施测中若被试有疑问或不理解的地方，主试会做适当的解释。

根据文献分析、深度访谈和开放式调查，对所有材料进行整理梳理总结。结果发现，社区矫正对象在社区接受监管和教育帮扶过程中，对社区矫正对象群体概念相对比较模糊，他们更多是从个体的角度将自己跟同龄人相比，不断追溯过去，反复将过去的自己与现在做比较。社会比较中，社区矫正对象最看重或者感受最强烈的有 4 个方面：经济水平、工作状况、社会资源，以及未来个人发展。

据此，初步形成包含 2 个维度、16 个具体项目的初始问卷。2 个维度为横向—纵向 RD 和认知—情感 RD 二维垂直结构，最终形成横向—认知 RD、横向—情感 RD、纵向—认知 RD、纵向—情感 RD4 组题，每组题分别测量被试在经济、工作状况、社会资源以及未来个人发展 4 个方面的剥夺体验，共形成 16 个最终题项。其中横纵向相对剥夺感的提问方式分别为"和同龄人相比"与"入矫前相比"，选项使用 Likert5 点计分，全部采用反向计分，认知题项从 1 分"非常不好"到 5 分"非常好"，情感题项从 1 分"非常不满意"到 5 分"非常满意"。具体问卷见附录 2。此外，还邀请 3 位心理学教授对基本形成的初始问卷进行最后的审定和修改，主要审核问卷结构设计的合理性、题项的代表性和可读性等。

三、研究方法

1. 被 试

施测被试采用整群抽样的方法，选择湖北省 X 市社区矫正对象在集中政治学习时进行测试，发放问卷 1340 份，回收有效 1068 份，有效回收率为 79.7%。为了检验问卷的构思效度，把数据随机分成 2 份，A 数据（N=511）用于探索性因素分析，B 数据（N=557）用于验证性因素分析。独立样本 t 检验表明，两部分数据在性别、年龄、学历、收入、入矫时间等变量上均不存在显著性差异（$p > 0.05$）。A 数据 511 人中男性 402 人（78.7%），女性 109 人（21.3%）；小学学历 66 人（12.9%），初中学历 280 人（54.8%），高中或中专学历 122 人（23.9%），大学及以上学历 43 人（8.4%）；年龄 16～68 岁，平均年龄 37.5 岁。B 数据 557 人中男性 413 人（74.1%），女性 144 人（25.9%）；小学学历 89 人（16.0%），初中学历 292 人（52.4%），高中或中专学历 122 人（21.9%），大学及以上学历 54 人（9.7%）；年龄 17～72 岁，平均年龄 38.6 岁。

2. 研究工具

社区矫正对象相对剥夺感自编问卷，采用自编社区矫正对象相对剥夺感问卷进行测试，要求社区矫正对象分别与入矫前和同龄人相比较，对自己在经济状况、工作状况和未来个人发展等 3 个方面的真实状况进行评定，分为纵向相对剥夺感和横向相对剥夺感两个维度。采用 Likert5 点记分，量表全部采用反向题，将所有项目反向计分后，得分越高说明个体相对剥夺感程度越强烈。

根据社区矫正对象相对剥夺感的内涵和结构特点，本研究采用的效标变量包括成人相对剥夺感、生活满意度、积极／消极情感、社会比较、主观社会地位，相应的测量工具如下。

（1）成人相对剥夺感量表。采用马皑编制的相对剥夺感量表（马皑，2012），共 4 个项目。量表采用 6 点计分法（1 表示"非常不符合"，6 表示"非常符合"）。得分越高，表明个体的相对剥夺感水平越高。本研究量表的克朗巴赫系数为 0.851。

（2）生活满意度量表。采用 Diener et al.（1985）编制的量表，主要考察个体对自己整体生活状况是否符合自身期待的主观认知和评价，共 5 题，项目如"我对我的生活很满意"。采用 7 点计分，分数越高，表明生活满意度水平越高。本研究中，量表的克朗巴赫系数为 0.783。

（3）情感量表。采用邱林等（2008）修订的情感量表，包含 9 个积极和 9 个消极共 18 个情感词汇，用于测量被试 1～2 周内的情感体验。采用 5 点计分，18 道题求均分，2、6、7、8、11、12、13、15、18 反向计分，正向情绪得分越高说明被试短期内体验到越多积极情绪，反之亦然。本研究中，量表的克朗巴赫系数为 0.833。

（4）社会比较倾向量表。采用王明姬等修订的社会比较倾向量表（2006），包含 11 个项目，从能力和观点两个维度来测量社会比较中个体在能力和观点方面的差异。能力维度共 6 题，具体包括第 1、2、3、4、5、6 题；观点维度总共 5 题，具体包括第 7、8、9、10、11 题。采用 6 点计分，11 道题求平均分，其中 5、11 题反向计分，量表得分高的人会更倾向于进行社会比较。本研究中，量表的克朗巴赫系数为 0.783。

（5）主观社会经济地位。采用 Adler et al.（2000）设计的主观社会经济地位量表，通过一个 10 级阶梯来呈现不同的社会经济地位，层级越高，社会经济地位越高。被试根据真实情况主观判断自己属于阶梯的哪一级。

3. 数据处理

以司法所进行思想教育活动为契机，在约定的时间内进行团体测试，由主试发放问卷，要求被试严格根据测验指导语独立完成。在指导语中向被试说明各量表的填写要求，并承诺对他们的作答绝对保密。主试收回问卷，并对所有被试进行唯一编号，采用 SPSS 23.0 对数据进行录入处理，进行描述性统计、项目分析、探索性因素分析和信度分析，然后采用 Amos 26.0 进行验证性因素分析。

四、结果分析

1. 项目分析

运用数据 A（N=511）对初始量表做项目分析，主要采用以下 3 种方法。

（1）项目鉴别度分析：将各项目分数相加算出平均值，其平均值则为问卷总分。将被试总分从高到低排列，排名在前 27% 的被试为高分组（总分 ≥ 4，共 154 人），排名在后 27% 的为低分组（总分 ≤ 2.8，共 149 人）。对高分组和低分组的被试做每个项目的独立样本 t 检验，结果显示被试在 16 个初项目 CR 值达到显著性水平（$p < 0.005$），无须删除项目。

（2）相关分析：对各项目得分与总分进行积差相关分析，所得相关系数为各项目与总分之间的同质性。相关性越高则各项目与总分同质性越高；反之，相关性越低其同质性越低，删除该项目。结果显示，各项目与社区矫正对象相对剥夺感总分相关程度均较高，具体相关系数如表 4-1 所示。

（3）项目选项适宜度分析：分析各项目上 5 个选项的被选频率，结果显示各项目的选项频率在"非常不好"到"非常好"5 个中从 3.1% 到 43.6% 不等，符合郑日昌所说的选项适宜度标准（郑日昌，2009）。

表 4-1　各项目与总分的相关分析

题　项	相对剥夺感	题　项	相对剥夺感
A1	0.711**	A9	0.703**
A2	0.734**	A10	0.741**
A3	0.752**	A11	0.774**
A4	0.823**	A12	0.806**
A5	0.784**	A13	0.834**
A6	0.817**	A14	0.854**
A7	0.687**	A15	0.756**
A8	0.723**	A16	0.805**

注：A 表示相对剥夺感项目，A1 为第一个项目，以此类推；** 在 0.01 级别（双尾），相关性显著。

2. 探索性因子分析

对 16 个项目做 KMO 和 Bartlett 检验，结果为 KMO 系数为 0.899，表明变量间的共同因素较多；Bartlett 球形检验 χ^2 是 8135.22（$df = 120$，$p < 0.001$），代表母群体的相关矩阵间有共同因素存化，适合进行因素分析。然后采用主成分因子分析和最大方差法进行正交旋转对问卷进行初步分析，并删除项目负荷率低于 0.4，或者交叉负荷大于 0.4 的项目。由此，提取了 2 个因子，可以解释总变异的 70.87%，共负荷 10 个项目，符合行为与社会科学领域要求的提取后累计贡献率达到 60% 的标准，如表 4-2 所示。

表 4-2　社区矫正对象相对剥夺感探索性因素分析

项　目	因素 1	因素 2	共同度
A15	—	0.892	0.834
A16	—	0.868	0.839
A13	—	0.790	0.789
A14	—	0.766	0.801
A4	0.813	—	0.776

项　目	因素 1	因素 2	共同度
A1	0.771	——	0.635
A3	0.760	——	0.655
A2	0.769	——	0.654
A6	0.670	——	0.685
A5	0.617	——	0.619

根据探索性因素分析和碎石图分析结果将社区矫正对象相对剥夺感划分为二维结构，根据项目内容和前期的理论建构，分别将其命名为如下内容。

（1）因子 1 所包含的项目为：A1、A2、A3、A4、A5、A6。主要涉及的是与自己入矫前相比，自己在经济水平、工作状况、社会资源以及未来个人发展等方面与过去的自己相比较，在认知和情感上是否感受自己处在不利地位。故而将因子 1 命名为"纵向相对剥夺感"。

（2）因子 2 所包含的项目为：A13、A14、A15、A16。主要涉及的是与自己同龄人相比，目前自己经济水平、工作状况、社会资源以及未来个人发展等方面与周围同龄人相比较，在认知和情感上是否感受自己处在不利地位。故而将因子 2 命名为"横向相对剥夺感"。

总而言之，经过项目分析、探索性因素分析 2 个步骤，筛选出适宜题项，问卷最终保留 10 个题目，初步确定社区矫正对象相对剥夺感正式量表（见附录 3）。

3. 验证性因子分析

采用 Amos 26.0 对 B 数据 557 份数据做验证性因素分析。根据侯杰泰、温忠麟以及成子娟的建议，评价模型拟合是否良好的指标及其标准如下：①卡方自由度比，即 χ^2/df，卡方自由度比在 2.0 到 5.0 之间时，模型拟合良好；②近似误差平方根，即 RMSEA。RMSEA 低于 0.1 表示拟合较好，低于 0.05 表示拟合非常好，低于 0.001 表示非常出色；③拟合指数，

包括绝对拟合指数 *GFI* 与相对拟合指数 *CFI*、*TLI*、*IFI*，这类指数的期望值均为 1，越接近 1 模型拟合越好（侯杰泰、温忠麟、成子娟，2004）。

本研究的验证性因素分析结果如图 4-1、表 4-3 所示：模型 χ^2/df 为 2.146，符合"2.0 到 5.0 之间"的标准；*RMSEA* 为 0.045，符合"低于 0.05 的标准"；拟合指数 *GFI*、*CFI*、*TLI*、*IFI* 分别为 0.992、0.997、0.989、0.997，均符合"越接近 1 模型拟合越好"的标准，由此得出问卷的二维模型比较理想。因此，通过验证性因素分析，在归类时将社区矫正对象相对剥夺感划分为横向相对剥夺与纵向相对剥夺两个维度是比较合理的。

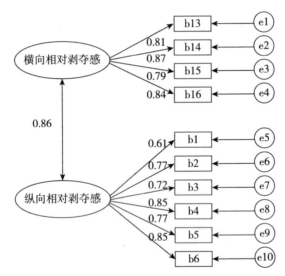

图 4-1　社区矫正对象相对剥夺感问卷二维模型路径

表 4-3　社区矫正对象相对剥夺感结构方程模型的拟合指数

拟合指数	χ^2/df	*RMSEA*	*GFI*	*CFI*	*TLI*	*IFI*
社区矫正对象相对剥夺感	2.146	0.045	0.992	0.997	0.989	0.997

4. 信度分析

信度代表测验的稳定性与一致性，通过总数据（*N*=1068）使用分半信度和同质性信度来评估本问卷。

（1）分半信度。分半信度是指将测验项目分成等组的两份，一般按项目序号的奇偶分组，然后计算两组项目间的相关，分半信度越高测验信度越高。本研究所得问卷的斯皮尔曼分半信度分别为0.789、0.813、0.863，具体如表4-4所示。

（2）同质性信度。同质性信度又称内部一致性信度，计算同质性信度的基础是测量所有项目间的相关性，本研究使用克朗巴赫系数来说明同质性信度。本研究所得问卷的克朗巴赫系数分别为0.902、0.891、0.931。

结果如表4-4所示，问卷总分以及各维度的分半信度都在0.7以上，克朗巴赫系数都在0.8以上，说明问卷具有良好的内部一致性，显示问卷具有良好的等值信度和跨时间的稳定性。

表4-4　社区矫正对象相对剥夺感问卷的信度检验

	纵向相对剥夺感	横向相对剥夺感	相对剥夺感总分
分半信度	0.789	0.813	0.863
克朗巴赫系数	0.902	0.891	0.931

5. 效度分析

效度代表测量的准确性以及测验测量的内容，本研究使用结构效度、效标效度两个标准对社区矫正对象相对剥夺感问卷进行效度检验，以评估自编问卷。

（1）结构效度。本研究使用相关法评估社区矫正对象相对剥夺感自编问卷的结构效度。需要测量的是维度与维度之间、维度与总分之间的相关程度，并且维度与总分间的相关性应高于维度之间的相关性。具体内容如表4-5所示。相对剥夺感自编问卷两个维度之间相关性显著，相关系数为0.718，中度正相关，表明各因素方向一致，又有所差异，不可互相替代；因素与总分的相关系数为 0.949 和 0.901，高度正相关，表明各因素与总体概念一致。

表 4-5　社区矫正对象相对剥夺感量表维度与总分之间的相关

	纵向相对剥夺感	横向相对剥夺感	相对剥夺感总分
纵向相对剥夺感	1	—	—
横向相对剥夺感	0.718**	1	—
相对剥夺感总分	0.949**	0.901**	1

注：***$p < 0.001$，**$p < 0.01$，*$p < 0.05$。

（2）效标效度。效标效度是通过测量测验分数与效标分数之间的相关性来预测量表有效性的一种方法，本研究选取的效标为社会比较倾向（分为能力比较和观点比较）、成人相对剥夺感、生活满意度、积极情感、消极情感、主观经济地位共 6 个效标。首先将自编相对剥夺感问卷进行反向计分，即分数越高，社区矫正对象体验到的相对剥夺感更强烈。

表 4-6　社区矫正对象相对剥夺感问卷与校标问卷的相关

	横向相对剥夺感	纵向相对剥夺感	相对剥夺感总分
能力比较	0.048	0.025	0.040
观点比较	0.110*	0.153**	0.140**
成人相对剥夺感	0.228**	0.234**	0.249**
生活满意度	-0.518**	-0.490**	-0.544**
积极情感	-0.443**	-0.302**	-0.405**
消极情感	0.175**	0.239**	0.222**
主观经济地位	-0.366**	-0.323**	-0.372**

注：***$p < 0.001$，**$p < 0.01$，*$p < 0.05$。

结果如表 4-6 所示，社区矫正对象相对剥夺感量表具有较好的结构效度。效标关联效度分析结果显示，总体相对剥夺感与生活满意度（$r=-0.544$，$p < 0.01$）、积极情感（$r=-0.405$，$p < 0.01$）、主观经济地位（$r=-0.372$，$p < 0.01$）显著负相关，与成人相对剥夺感（$r=0.249$，

$p < 0.01$）、消极情感（$r =0.222$，$p < 0.01$）显著正相关。这些结果表明社区矫正对象相对剥夺感量表具有良好的效标关联效度。

五、问题探讨

1. 社区矫正对象相对剥夺感的测量结构

为了能够更好地测量中国情境下的相对剥夺感，国内众多学者曾根据相对剥夺感的操作性定义和研究对象开发相应量表。马皑（2012）编制了包含 4 个题项的相对剥夺感量表，但是过于简洁和通用，对参照群体的界定比较模糊。彭嘉熙（2021）翻译与修订了 Callan et al.（2011）编制的个体相对剥夺感问卷（Personal Relative Deprivation Scale, PRDS），并在中国大学生群体中进行了信效度检验，结果显示信效度良好。郭燕梅（2013）以火车站旅客为研究对象，通过收入、社保等经济状况得分表征他们的相对剥夺感程度，但是这个计算方法和研究结果可能无法推广到其他领域和人群。流动儿童在社会流动中缺少稳定的生活环境，容易体验到相对剥夺感，因此熊猛等人（2015）编制了包含 20 个题项的个体—群体和认知—情感的四维度量表，具有较好的信效度，随后也应用到对单亲家庭儿童、离异家庭儿童、留守儿童、农村寄宿制初中生等其他特殊青少年群体的研究中（叶一舵、熊猛，2017；熊猛、刘若瑾，2020；熊猛、刘若瑾、叶一舵，2021；熊猛、马建平、叶一舵，2020；张樱樱等，2021）。耿梦欣（2019）为企业员工的个体视角出发，开发了针对企业员工的相对剥夺感量表，共包含 12 个项目，包括认知和情感两个维度。

国内关于社区矫正对象相对剥夺感的文献不多，且缺少相应的量表。因此，本研究在访谈研究和文献研究的基础上进行问卷编制。在第三章里，采用访谈法对社区矫正对象相对剥夺感的内涵进行了定性的探讨。在本章里，基于经典相对剥夺感理论和文献，研究者将相对剥夺感的结构概念化为认知成分与情感成分两大维度；然后结合受访者的访谈内容和相对剥夺感结构方面的文献，进一步将相对剥夺感的结构完善为横向—纵向与认知—情感的二维垂直结构模型；最后通过3位心理学教授的反复讨论和推敲，基本将社区矫正对象相对剥夺感的内容结构建构为横向—认知RD、横向—情感RD、纵向—认知RD和纵向—情感RD这一四维模型。通过以上步骤建构的相对剥夺感理论维度，确定了16个题项用于初始调查的测评量表。在探索性因素分析中，数据鲜明地显现出二维结构，即横向RD和纵向RD，认知和情感并没有分离出来，但认知和情感条目均匀分布在每组横向或纵向的题项中。显然社区矫正对象的相对剥夺感包含认知与情感两个因素，二者缺一不可。究其原因，其一，本研究中社区矫正对象学历相对偏低，在认知表达和情感表达方面可能存在一定困难，造成认知情感交织在一起的现象；其二，"罪犯"和"社区成员"的双重身份对社区矫正对象价值感、情绪、认知方面持久的消极影响，可能使其陷入对自己过去的纵向比较和与周围同龄人横向比较的巨大冲突中，在一定程度上遮掩了其他相对剥夺感的结构，这个特点在与社区矫正对象的访谈中可以鲜明地呈现出来。

目前国内外对相对剥夺感的结构维度所持的观点并不一致，有的学者从认知—情感RD的角度展开研究（Vanneman and Pettigrew，1972；Schmitt，Maes，and Widaman，2010），有的学者从个体—群体RD的角度展开研究（Runciman，1966）。国内外研究还发现，较之相对剥夺感的认知成分，相对剥夺感的情感成分对后继行为的动机作用更强（Van Zomeren，Postmes，and Spears，2008）；横向相对剥夺感的研究内容较多，但是通过与自己的过去或未来进行比较而产生纵向相对剥夺感的研究不多。由于不同群体的参照对象和比较维度有所不同（Walker and Pettigrew，1984），因此本研究对社区矫正对象这个特殊人群相对剥夺感内容结构的探索和工具编制可能是一个新特点。

2. 社区矫正对象相对剥夺感的有效性

社区矫正对象相对剥夺感问卷的分半信度在 0.75 以上，总量表的内部一致性信度为 0.931，其他各分量表的内部一致性信度也都在 0.85 以上，信度较好。自 2020 年 7 月 1 日《中华人民共和国社区矫正法》正式施行以来，社区矫正工作进入有法可依时代，不断完善细化决定和接受、监督管理、考核奖惩、教育帮扶、解除（终止）矫正等各执法环节措施。社区矫正对象在社区接受监督管理和教育帮扶，需要经过行为规范和职业技能学习的再适应过程，实现自我改造，重新适应社会、融入社会。因此，他们所面临的适应任务比较相似，对相关现象和行为的理解也比较一致，由此搜集到的数据比较可靠，研究量表的内部一致性较好。

社区矫正对象相对剥夺感的理论结构是在相对剥夺感理论的文献、相对剥夺感结构的文献分析以及专家讨论的基础上得出的，而具体项目的形成则是经过了文献分析、深度访谈和开放式调查等步骤。从量表研制的整个过程来看，社区矫正对象相对剥夺感量表具有较好的结构效度和内容效度。结构效度方面，研究者在探索性因素分析的基础上，采用 Amos 26.0 进行了验证性因素分析。最终结果呈现横向相对剥夺与纵向相对剥夺的二维模型比较准确又相对简洁，从而表明社区矫正对象相对剥夺感量表具有较好的结构效度。相关分析结果显示，相对剥夺感及其各分量表与生活满意度、积极情感、主观经济地位显著负相关，与成人相对剥夺感、消极情感显著正相关，这表明社区矫正对象相对剥夺感量表具有良好的效标关联效度。成人相对剥夺感量表是马皑（2012）编制的针对成人的相对剥夺感量表，该量表以城乡居民为样本，有一个维度和 4 个题项，在国内被广泛使用，被证实信效度较高。生活满意度属于主观幸福感的认知成分，积极与消极情感属于主观幸福感的情感成分（熊猛、叶一舵，2016），这与相对剥夺感的认知与情感成分类似；以往研究也表明相对剥夺感与生活满意度呈显著负相关（Osborne and

Sibley，2013），与消极情感呈显著正相关（Halevy et al.，2010），因此本研究选用生活满意度和积极／消极情感作为效标是合理的。而社会比较量表（王明姬等，2006）是该领域测量相对剥夺感比较常用的工具，因此选用这两个量表作为效标量表也是合理的。以往研究均表明相对剥夺感与主观经济地位密切相关（Grant，2008），甚至有学者认为相比客观经济地位而言，主观经济地位与个体相对剥夺感的关系更为重要（Greitemeyer and Sagioglou，2017），基于社区矫正对象只能在一定区县范围内工作生活的经济环境，选用了主观经济地位作为效标量表。总之，基于我国社区矫正对象实情研制的相对剥夺感量表较好地满足了心理测量学的要求，具有良好的信效度，有助于社区矫正对象的监督管理与矫正教育。

六、结　论

本研究采用规范的量表研制程序编制了社区矫正对象相对剥夺感量表，得出以下结论：

第一，社区矫正对象相对剥夺感具有两维结构：横向相对剥夺和纵向相对剥夺，表明社区矫正对象相对剥夺是一个多维度系统结构。

第二，社区矫正对象相对剥夺感量表具有良好的半分信度、内部一致性信度，以及结构效度和效标关联效度，是一份可信有效的测量工具，适用于社区矫正对象相对剥夺感的调查，可以作为进一步研究的工具。

第二节　研究二：社区矫正对象相对剥夺感的发展特点与现状

一、研究目的与假设

（1）无论是 2003 年我国初步开展社区矫正的试点，还是 2021 年正式实施的《中华人民共和国社区矫正法》都非常重视社区矫正对象的心理健康，要求在实际工作中要了解社区矫正对象的心理特点，加强心理疏导，满足他们的自主需求，培养他们的积极心理品质和心理弹性，提高心理适应能力，使他们更快融入社会。事实上，社区矫正对象不仅要接受强制监管，还会面临家庭、婚姻、工作、住房以及生活等多方面的压力，通过对社区矫正对象的深入了解，发现他们容易陷入自责、悔恨、焦虑等负面情绪，容易在心理上产生主观的相对剥夺感。那么，社区矫正对象相对剥夺感的总体水平和发展现状到底如何，目前国内鲜有研究者进行这方面的实证研究。社区矫正工作中，各地司法机构积极对社区矫正对象进行教育与帮扶，社区矫正对象可以在区县范围内自由选择工作，不仅增加与社会接触的机会，而且可以实现自我价值，产生良性的社会效益。因此，可以得出，"罪犯"与"社区居民"的双重身份虽然使社区矫正对象在适应社会中体验到一定的相对剥夺感，但在整体上应该处于中等水平。由此提出以下假设：

H1：社区矫正对象的相对剥夺感总体处于中等水平。

（2）社区矫正对象是依法被判处管制、宣告缓刑、假释和暂予监外执行的罪犯，在性质上属于主观上的恶性程度较低、对社会危害较小。他们在社区中服刑，其身体相对自由，不必在监狱或拘留所等封闭场所服刑，但是他们只能在区县范围内选择工作和生活，定期接受司法机构的矫正教育。所以，当社区矫正对象回到原有的社会生态系统接受矫正教育，可以不离开家庭和家人，可以重新学习技术开始新生活。他们需要时间调整认知偏差去重新建构新的社会关系网络，重新评估自己的社会价值，从"犯罪人"转变成"守法公民"。由此提出以下假设：

H2：社区矫正对象相对剥夺感呈现随着入矫时间的延长而逐渐降低的趋势。

（3）犯罪入矫属于比较严重的负性事件，是个体人生发展进程的突然断裂，对他们重新获取社会资源和再社会化带来限制和局限，加之人们对这个群体的认识也可能带有歧视和偏见，对社区矫正对象入矫后的心理适应造成困扰和压力（杨彩云，2022）。面对经济、工作、人际关系等方面的诸多问题时，相对剥夺感在一定程度上会影响个体的行为和自身的情绪，甚至左右个体未来的发展与人生意义的实现（Osborne，Smith，and Huo，2012），不利于社区矫正对象保持良好的心理健康水平。但是，诸多研究也发现相对剥夺感存在个体差异性。对中国大学生的调查表明，男生比女生的个体相对剥夺感更高，非双亲家庭大学生的个体相对剥夺感高于双亲家庭大学生，非独生大学生的个体相对剥夺感高于独生大学生，并且随着年龄的增长，大学生的相对剥夺感呈增强趋势（Zhang and Tao，2013）。在对 12 个省份乡村教师群体的研究中，郑美娟等人（2018）发现婚姻状况和收入都会显著影响乡村教师的相对剥夺感。国外研究也发现，男性比女性的个体相对剥夺感更高，年长者也会比年轻人出现更多的相对剥夺感体验（Callan，Kim，and Matthews，2015；Greitemeyer and Sagioglou，2017），受教育程度越高个体相对剥夺感水平也就越高（Pettigrew et al.，2008）。基于以上研究基础，同时结合社区矫正对象的实际情况提出假设。

H3：男性社区矫正对象的相对剥夺水平显著高于女性社区矫正对象的相对剥夺水平。

H4：不良婚姻状况（离婚或丧偶）会显著影响社区矫正对象的相对剥夺感水平。

H5：不同学历层次会显著影响社区矫正对象的相对剥夺感水平。

H6：工作在岗状态会显著影响社区矫正对象的相对剥夺感水平。

二、研究方法

1. 研究对象

选取湖北省 X 市 6 个县级和 3 个区 1482 名社区矫正对象参与问卷调查，通过集中参与政治教育的途径，统一发放，统一回收。回收有效问卷 1339 份，有效率为 90.3%。调查对象年龄介于 15 ～ 69 岁之间，平均年龄为（37.89±11.58）岁，调查对象的基本情况如表 4-7 所示。

表 4-7　调查对象的基本情况描述（*N*=1339）

变　量	项　目	人　数	有效百分比 /%
性别	男	1051	78.5
	女	288	21.5
婚姻状况	未婚	287	21.4
	已婚	917	68.5
	离婚或丧偶	135	10.1
学历	小学	175	13.1
	初中	636	47.5
	高中或中专	326	24.3
	大专或大学及以上	202	15.1
家庭所在地	城镇	440	32.9
	农村	899	67.1
社矫时间	1 年以内	546	40.8
	2 ～ 3 年	566	42.3
	4 年及以上	227	17.0

2. 研究工具

（1）自编《社区矫正对象相对剥夺感》问卷。包含 2 个因子，代表相对剥夺感横向与纵向维度，共 10 个项目，其中"横向相对剥夺感"包括 4 个项目，"纵向相对剥夺感"包括 6 个项目，采用 5 点计分。量表全部采用反向题，将所有项目反向计分后，得分越高说明社区矫正对象的相对剥夺水平越高。本研究中该量表的内部一致性系数为 0.89。

（2）个人基本信息调查表。根据社区矫正对象的实际情况自编了个人基本信息调查表，内容包括姓名、性别、年龄、婚姻状况、家庭所在地、学历层次，家庭经济状况、入矫时间等，附在相对剥夺感问卷的前面。

3. 数据处理

删除无效问卷后，将有效问卷进行编号，使用 SPSS 23.0 进行数据的录入。各量表数据均为连续型计量资料，均服从正态分布。统计方法包括描述性统计、t 检验、方差分析，检验水准 $\alpha=0.05$。

三、研究结果

1. 社区矫正对象相对剥夺感的总体水平与发展趋势

为了更直观地反映社区矫正对象相对剥夺感的总体水平，本研究在统计分析时采用相对剥夺感其各维度的均值分，其范围为 1 ～ 5 分，中值为 3 分。如表 4-8 所示，本次调查社区矫正对象的相对剥夺感总体处于中等水平（2.69±0.86），说明社区矫正对象的相对剥夺感整体上并不明显，其中纵向 RD（2.75±0.92）得分显著高于横向 RD 得分（2.62±0.95），$t =4.81$，$p < 0.001$。说明社区矫正对象的纵向相对剥夺水平显著高于横向相对剥夺水平。

表4-8　社区矫正对象的总体相对剥夺感水平

类　别	总体 RD	纵向 RD	横向 RD
平均分	2.69	2.75	2.62
标准差	0.86	0.92	0.95

　　进一步对社区矫正对象相对剥夺感随入矫时间延长的发展趋势进行分析。鉴于入矫 4 年以上的样本量较少，我们将 4、5、6 年合并到 4 年以上，由此形成了 3 个入矫时间段（1 年、2～3 年、4 年及以上）。基于相对剥夺感与入矫时间的 F 方差分析统计发现，相对剥夺感在入矫时间上存在显著差异，总体来说社区矫正对象相对剥夺感随着入矫时间的增长在下降。经过 LSD 事后检验，发现入矫 1 年是社区矫正对象相对剥夺感水平最高的时候，超过入矫 2～3 年和入矫 4 年，如表 4-9 所示。

表4-9　社区矫正对象在入矫时间上的描述性统计（N=1339）

变　量	刑　期			F	LSD
	1 年①	2～3 年②	4 年及以上③		
总体 RD	2.75±1.00	2.59±0.99	2.40±0.93	6.62**	①>②>③
纵向 RD	2.82±1.04	2.66±1.02	2.48±0.96	5.98**	①>②>③
横向 RD	2.69±1.04	2.53±1.04	2.33±0.99	6.03**	①>②>③
N	740	476	123	—	—

　　注：$***p < 0.001$，$**p < 0.01$，$*p < 0.05$。

2. 社区矫正对象相对剥夺感在人口学变量上的差异

　　首先，以性别（男性、女性）、婚姻状况（未婚、已婚、离异或丧偶）、学历（小学及以下、初中、高中或中专、大专或大学及以上）为分组变量，分别对总体相对剥夺及其各维度进行多元方差分析，结果发现各人口学变量在总体相对剥夺及其各维度上的交互作用均不显著（$p > 0.05$），因此研究者主要对性别、婚姻状况、学历人口学变量在总体相对剥夺及其各维度上的主效应依次进行分析。

（1）不同性别社区矫正对象在相对剥夺感上的差异。采用独立样本 t 检验对不同性别样本在相对剥夺感上的差异进行检验，结果如表 4-10 所示。从表中可以看出，横向相对剥夺不存在性别差异，但是在总体相对剥夺和纵向相对剥夺上存在性别差异（$p < 0.05$），女性社区矫正对象的总体相对剥夺和纵向相对剥夺水平均高于男性社区矫正对象。

表 4-10　不同性别社区矫正对象在相对剥夺感上的差异分析

变　量	男　性	女　性	t
总体 RD	2.68±1.01	2.81±0.97	−2.02*
纵向 RD	2.74±1.05	2.89±1.01	−2.07*
横向 RD	2.61±1.05	2.74±1.05	−1.81

注：***$p < 0.001$，**$p < 0.01$，*$p < 0.05$。

（2）不同婚姻状况社区矫正对象在相对剥夺感上的差异。社区矫正对象的婚姻状况是他们社会系统的重要组成部分，是他们遇到生活冲击的"保护伞"，对他们融入社会有较大的影响。通过 F 方差分析发现，社区矫正对象的总体相对剥夺及其各维度在婚姻状况上均差异显著（$p < 0.01$），结果如表 4-11 所示。经过 LSD 事后检验，离婚或丧偶者的总体相对剥夺及其各维度水平均显著高于已婚者和未婚者，已婚者和未婚者之间无差异。很显然，不幸福的婚姻状况会显著影响社区矫正对象的相对剥夺感水平，尤其是纵向相对剥夺感。

表 4-11　不同婚姻状况社区矫正对象在相对剥夺感上的差异分析

变　量	未婚①	已婚②	离婚或丧偶③	F	LSD
总体 RD	2.71±0.98	2.64±0.99	2.95±1.06	5.46**	③>①，③>②
纵向 RD	2.76±1.02	2.71±1.04	3.03±1.10	5.38**	③>①，③>②
横向 RD	2.65±1.04	2.57±1.03	2.87±1.09	4.63**	③>①，③>②

注：***$p < 0.001$，**$p < 0.01$，*$p < 0.05$。

（3）不同学历层次社区矫正对象在相对剥夺上的差异。社区矫正对象自身的学历层次代表了他们的知识文化程度，是他们认识自身、认识世界、改变原有的价值标准和行为规范的基础。因此学历层次对社区矫正对象进行认知评估、社会比较有较大的影响。通过 F 方差分析发现，社区矫正对象的总体相对剥夺及其各维度在学历层次上均差异显著（$p < 0.01$），结果如表4-12所示。经过 LSD 事后比较，学历在小学及以下和大学及以上的社区矫正对象，其总体相对剥夺及其各维度得分远高于初中和高中（中专）个体。很显然，学历偏低和学历偏高的社区矫正对象更容易在主观上感受到相对剥夺。

表4-12　不同学历层次社区矫正对象在相对剥夺感上的差异分析

变　量	小学及以下①	初中②	高中或中专③	大学及以上④	F	LSD
总体RD	2.85±1.03	2.66±0.99	2.57±1.01	2.83±0.97	4.19**	①>②，①>③，④>②，④>③
纵向RD	2.76±1.02	2.71±1.04	3.03±1.10	2.76±1.02	3.35*	①>②，①>③，④>②，④>③
横向RD	2.91±1.04	2.72±1.04	2.66±1.06	2.90±1.03	4.20**	①>②，①>③，④>②，④>③

注：$***p < 0.001$，$**p < 0.01$，$*p < 0.05$。

（4）不同职业状况社区矫正对象在相对剥夺上的差异。社区矫正对象回到原籍进行矫正，工作状况可能影响其获取社会资源的主观感受。通过 F 方差分析发现，社区矫正对象的总体相对剥夺及其各维度在工作状况上均差异显著（$p < 0.01$），结果如表4-13所示。经过 LSD 事后比较，是否工作在岗对社区矫正对象的相对剥夺感影响较大，一直有工作的社区矫正对象相对剥夺感比有时失业和一直无工作的个体更低。

表4-13 不同职业状况社区矫正对象在相对剥夺感上的差异分析

变　量	一直有工作①	有时失业②	一直无工作③	F	LSD
总体 RD	2.43±0.93	2.91±0.95	3.20±0.98	55.80**	③>②>①
纵向 RD	2.46±0.96	3.01±0.98	3.33±1.02	70.47**	③>②>①
横向 RD	2.41±0.99	2.80±1.02	3.05±1.08	33.98**	③>②>①

注：***$p < 0.001$，**$p < 0.01$，*$p < 0.05$。

四、问题探讨

1.社区矫正对象的相对剥夺感整体不明显

研究发现，社区矫正对象的相对剥夺感总体处于中等水平，说明其相对剥夺体验整体上并不明显。该结果证实了本研究的假设H1，社区矫正对象的相对剥夺体验之所以整体上并不明显，至少可以从两个方面来解释：第一，犯罪入矫对社区矫正对象的生活和职场发展是一次重大挫折，使其丧失现实生活中的很多机会，产生较多负性心理，阻碍其顺利回归社会。但是，社区矫正制度将罪犯安置在社区进行改造，他们可以工作，可以与家人团聚，可以重新获取社会资源。这种非监禁刑罚方式有利于当事人的心理重建、重新燃起他们对生活的希望，为其重新回归社会奠定基础。第二，抽样的城市是省会城市附近的四线小城，经济生活比较小康便利，社区矫正对象回到社区受矫对其经济状况、人际关系并没有显著的差异影响。该研究结果提示人们，社区矫正制度要更加关注矫正对象作为人的权益和潜在积极资源（孙文立，2015），相关人员要在社会各方力量的参与和帮助下，修复其受损的社会关系网络，改变其认知偏差。不仅需要面对其消极心理状况，更要挖掘他们的积极心理品质和外在环境的保护性因素，促进他们从"犯罪人"尽快转变成"守法公民"。

研究还发现，社区矫正对象的纵向相对剥夺水平显著高于横向相对剥夺水平。社区矫正制度将社区矫正对象安置在社区，使其在正常的社会生态系统中生活、工作，这样可以大大缓解社区矫正对象横向相对剥夺感的产生。他们虽然可以在社区工作和生活，但是社区矫正对象本质上还是罪犯身份，其人生进程发生了断裂和重构，这样的身份对其就业、子女教育、参军、户口迁移等都会造成一定影响。这种情况下更容易让社区矫正对象感觉现在的生活状况远不如从前，进而产生纵向剥夺感。

研究结果还显示，社区矫正对象的相对剥夺感水平呈现出随着入矫时间的延长而逐渐降低的趋势。这证实了本研究的假设 H2。郑永君（2016）发现青少年社区矫正对象矫正时间与社会支持呈正相关，随着入矫时间增加，得到的社会支持越多，个体体验到的相对剥夺感会更少。与在监狱服刑的罪犯相比，社区矫正对象在社区中入矫的时间相对较短，并且不与原来熟悉的社会生活隔离，可以与家人团聚，可以有正常的人际交往，可以继续创造社会价值。这样的刑事执行方式对社区矫正对象内在需求的满足、自我价值感的提升有较大促进作用，因此随着在社区入矫时间的延长，社区矫正对象的相对剥夺感会逐渐降低。

2. 社区矫正对象的相对剥夺感存在显著的性别、婚姻状况、学历层次差异

研究结果显示，女性社区矫正对象的总体相对剥夺和纵向相对剥夺水平均高于男性社区矫正对象，该结果与假设 H3 正好相反，这与部分研究结论不一致（Zhang and Tao, 2013；Callan, Kim, and Matthews, 2015；Greitemeyer and Sagioglou, 2017）。原因可能在于社区矫正对象这个群体的特殊性。其一，受传统社会道德观的影响，人们对女性犯罪的宽容度要低于男性，更容易歧视孤立她们，这使大多数女性社区矫正对象在社会交往中感觉被疏远和隔阂，产生主观的相对剥夺感；其二，

因为生理和心理上的特殊性，女性社区矫正对象婚姻家庭关系、心理承受能力、就业能力等均比男性差，使得女性社区矫正对象比起男性要处在相对弱势的处境，加之女性细腻、敏感的情绪和认知，更容易引发她们的自卑和无价值感（陈晓敏，2003）。

研究表明，离婚或丧偶者的总体相对剥夺及其各维度水平均显著高于已婚者和未婚者，显然不良婚姻状况（离婚或丧偶）会显著影响社区矫正对象的相对剥夺感水平，这证实了本研究的假设 H4。家庭是每个人生活基本的社会单位，是每个个体情感需求和支持的来源和港湾。作为成年人，个体在遇到困难和危机时，往往能够从伴侣处获得经济资源和情感资源，如一起分担并解决问题、共同面对收入减少的困境等。完整婚姻对个体的社会系统重建、回归主流社会等都起到重要作用。显然，离婚或丧偶的婚姻状况往往预示着伴侣情感支持和经济支持的缺位，使个体在社会比较中更容易体验到挫折、缺少权益的剥夺感，甚至会出现更多不良行为。

研究还发现，学历在小学及以下和大学及以上的社区矫正对象，其总体相对剥夺及其各维度得分远高于初中和高中（中专）个体。社区矫正对象自身的学历层次代表了他们的知识文化程度，是他们认识自身、认识世界，改变原有的价值标准和行为规范的基础。现代化科学技术的快速发展，很多工作岗位的技术越来越先进，对员工的学历和知识能力要求也越来越高。小学学历的社区矫正对象知识有限，缺乏相应的专业技能，可能对其择业范围和择业质量存在影响，导致其相对剥夺感的产生；大学及以上的社区矫正对象心理压力更大，对自我要求和职业期待更高，希望个人价值得到认可，容易陷入与过去自己的比较中，从而导致相对剥夺感的产生。

研究进一步发现，是否工作在岗对社区矫正对象的相对剥夺感影响较大，一直有工作的社区矫正对象相对剥夺感比有时失业和一直无工作的个体更低。杨琪等人（2021）发现，社区矫正对象就业存在收入偏低、正式就业率低、个人能力缺乏和就业屡遭歧视等问题。再就业是社区矫正对象重新融入社会的重要指标。如果他们工作不稳定，有时失业或一直无工作的状况对其经济基础和社会价值实现有较大影响，导致其产生自我权益受损的主观感受。陈娜（2016）发现，社区矫正对象如果就业困难或者无法保证基本的生活保障，那么其悔罪程度可能会降低，导致他们重新犯罪的概率可能将增大。因此，司法部门要重视社区矫正对象的就业指导，联合社会各方力量提供工作岗位参考和职业技能培训，促进社区矫正对象顺利融入社会，预防和减少犯罪。

五、结 论

本研究在研究一的基础上，采用自编相对剥夺感量表对 1339 名社区矫正对象进行了广泛施测，对社区矫正对象相对剥夺感的总体水平、发展趋势和人口统计学差异进行调查分析，发现了一些有价值的研究结果。

（1）社区矫正对象的相对剥夺感总体处于中等水平，纵向相对剥夺水平显著高于横向相对剥夺水平。

（2）社区矫正对象的相对剥夺感水平呈现出随着入矫时间的延长而逐渐降低的趋势。

（3）女性社区矫正对象的总体相对剥夺和纵向相对剥夺水平均高于男性社区矫正对象。

（4）离婚或丧偶者的总体相对剥夺及其各维度水平均显著高于已婚者和未婚者。

（5）学历在小学及以下和大学及以上的社区矫正对象，其总体相对剥夺及其各维度得分远高于初中和高中（中专）个体。

（6）一直有工作的社区矫正对象相对剥夺感水平比有时失业和一直无工作的个体更低。

第三节 研究三：个体和环境因素对社区矫正对象相对 剥夺感的影响研究

一、研究目的与假设

个体—环境交互作用模型认为个体心理发展是在个体和环境相互作用中形成的（Lermer et al., 2006），在心理健康的相关研究中，研究者也越来越重视对个体因素和环境因素作用的探讨。社区矫正不使罪犯与社会隔离，使其在正常的社会生态系统中生活、工作，就是希望通过系统中各个层级的力量恢复其社会功能，促使他们形成新的与主流社会相适应的、规范的行为系统。人在本质上是一切社会关系的总和。个体生活在一个系统中，个体的主体特征是微观系统，个体的发展就是与外界宏观环境系统不断交互作用的过程，环境影响人的发展，人也在能动地获取环境资源以完善自身。作为社会人的存在，社区矫正对象正是通过不断地交往互动，使自己处在与家庭、群体、社区进行持续交互运作的联结体系之中（赵景欣、申继亮，2010）。

在有关社区矫正对象心理健康影响因素的多项研究中，研究者均发现性别、社会地位、年龄、人格、情绪管理、控制感、生活满意度等个体因素以及家庭经济环境、社会等环境因素是其心理健康水平的主要影响因素（刘素珍等，2006；沈海英，2011；魏然，2012；杨玲等，2016；张扬，2016；王蕊颖、王卫红，2016）。在前面文献综述里，研究者发现影响相对剥夺感的因素主要体现在个体因素和环境因素两大类。因此，本研究也将从环境和个体因素两个方面来考察社区矫正对象相对剥夺感的影响因素及其作用差异。

在影响个体相对剥夺感的环境因素中，客观经济地位和社会环境一直是重点关注因素（Grant，2008；Smith，2012；Callan，2016；郑美娟等，2019）。客观经济地位（Objective Socioeconomic Status, OSS），是指个体所拥有的客观物质生活条件，其指标通常以个体的家庭经济状况、学历、职业等因素进行表征（钟景讯、黄斌，2012）。研究发现经济地位较低的人群会有更大的相对剥夺感，容易让个体产生更大的心理障碍（Grant，2008）。Moore（2003）通过对来自以色列的犹太学生和巴勒斯坦学生的调查表明，弱势群体成员的客观社会经济地位显著负向影响个体相对剥夺感。具体到社区矫正对象，他们通常受教育程度较低，入矫前多从事技术含量不高的工作，其原生家庭经济状况一般，这些都可能导致他们重新就业比较困难；同时也可能在求职过程中，存在自身有犯罪记录而被拒绝的风险，进一步增加其就业困难（骆群，2008；李振东，2020）。这些状况都会对社区矫正对象的客观经济地位产生较多负面影响，使其在社会比较中容易感知到自身处于不利地位，进而体验到一些社会权益受到剥夺的感觉。

社会环境也是影响社区矫正对象社会融入的一个重要方面。由于身份的特殊性，社区矫正对象在社会关系中可能会遭遇被排斥和回避的困境。Twenge et al.（2001）认为，社会排斥是指个体在社会交往中遭到他人或群体隐性或显性拒绝和排斥的现象。根据社会排斥的需要—威胁模型，当个体在社会关系中感受到被忽视和被拒绝，会感到强烈的社会联结断裂，严重损坏其关系需求（包括归属感、控制感和意义感），导致个体产生社会交往权益被剥夺的主观感觉（古典等，2019）。社会排斥与社会接纳相对，是衡量社区矫正对象成功回归社会的重要标志。陈姝宏（2014）认为，社区矫正对象在与社会建立联结时，社会支持不足和社会资本匮乏是导致社区矫正对象受到社会公众排斥的主要原因。骆群（2012）指出，社区矫正对象在就业和社会救助方面会受到社会排斥。

因此，考察客观社会经济地位和社会环境与社区矫正对象相对剥夺感的关系，不但有助于深入理解社区矫正对象相对剥夺感产生的内在本质，而且对于提高社区矫正环境中的公平管理、缓解相对剥夺感对社区矫正对象带来的不良影响等具有重要的实践价值。基于以上实证研究和理论分析，本研究提出假设如下。

H1：客观社会经济地位对社区矫正对象的相对剥夺感具有显著的负向预测作用。

H2：社会排斥对社区矫正对象的相对剥夺感具有显著的正向预测作用。

社区矫正对象是具有能动性、反思性的社会融入的主体，是有着丰富的内心情感的主体。环境因素是影响社区矫正对象相对剥夺感的重要外在因素，但是并不是充分条件。在回归社会过程中，社区矫正对象不但会与社会环境进行互动，而且在上述互动过程中其自身的个体差异因素也会呈现出复杂的心理、情绪和情感变动。

客观社会经济地位是一个客观指标，代表了个体在社会经济生活中的位置。但是，人们对自身社会经济地位的认知可能与其实际客观的社会经济地位并不完全一致。主观社会经济地位通常指个体对自己所处社会阶级的主观认识和信念（王晓磊，2018），这个主观认知和评价不仅包含个体对自身社会经济地位的知觉，还包括个体对所处环境及其在社会中机遇多少的判断（关雨生等，2015）。主观社会经济地位是社会比较的结果，它与个体的身心健康的关系要比客观社会经济地位它们的关系更加紧密（Goodman et al.，2003；Demakakos et al.，2008）。较低的主观社会经济地位水平会给个体带来焦虑、痛苦等负面情绪，会使其产生无价值感和无公平感，进而影响个体不良行为的增加（夏良伟等，2012；谭旭运，2016）。社区矫正对象在社区接受监督管理，表面上可能和其他人一样，但其身份本质上是罪犯。这个身份显然会使社区矫正对象在比较中认清自己当前所处社会阶层的相对位置，可能因为自身处于较低地位而产生不良心理。

在影响弱势群体相对剥夺感的个体因素中，控制感是一个重要的人格特质。控制感（sense of control）指的是个体对目前或未来一些事物的主观控制的感知程度，它是帮助个体评价环境、适应环境的重要因素（Reich and Infurna，2017）。Rotter 认为，控制感是指个体将事件的最终结果或责任归因于自己或其他外部因素，如命运、运气等。由于不同个体的归因方式存在差异性，可将控制感可分为内部控制、外部控制。内控型的人往往将事情的成败归因于自身的责任，外控型的人往往将事情的成败归因于他人或外部环境（Rotter，1966）。研究表明外控型的人比内控型的人更容易体验到相对剥夺感，这可能是由于外控型的人对环境的掌控程度较低，因而获得的社会资源也较少，容易体验到相对剥夺感（Smith，2012）。社区矫正对象在社区接受针对性管理、教育和改造，需要面对内心的悔恨、周围人的另眼相看，可能会把失败视为他们身份的一部分，感知自己失去了对外在环境和未来的控制力，从而进一步导致心理问题；但是控制感水平较高的个体，会采取更为积极的态度和行为应对压力，并恢复自身控制感。基于以上实证研究和理论分析，本研究提出假设。

H3：主观社会经济地位对社区矫正对象的相对剥夺感具有显著的负向预测作用。

H4：控制感对社区矫正对象的相对剥夺感具有显著的正向预测作用。

综上所述，本研究主要探讨外在的环境因素（客观社会经济地位和社会排斥）和内在的个体因素（主观社会经济地位和控制感）对社区矫正对象相对剥夺感的影响及其大小，以期为社区矫正对象相对剥夺感的干预实践提供科学依据。

二、研究方法

1. 研究对象

研究对象同第四章研究二。共有 1339 名社区矫正对象的有效被试参与数据分析。

2. 研究工具

（1）自编《社区矫正对象相对剥夺感》问卷。采用第四章研究一所确定的《社区矫正对象相对剥夺感》问卷，包含 2 个因子，代表相对剥夺感横向与纵向维度，共 10 个项目。采用 5 点计分，量表全部采用反向题，将所有项目反向计分后，得分越高说明社区矫正对象的相对剥夺水平越高。本研究中该量表的内部一致性系数为 0.878。

（2）客观社会经济地位（Socio Economicstatus, SES）。根据社区矫正对象的实际情况，考虑到他们都是回原籍接受社区矫正，基本上都是重新换了工作，并且以临时工作为主，因此，结合陈艳红和程刚等人（2014）提供的计算方法，本研究中客观社会经济地位的评估包括本人受教育程度、家庭年收入、工作稳定性 3 个指标信息，进行社区矫正对象客观社会经济地位的计算。首先，将被试的受教育程度转换为不同的受教育年限。例如，小学学历为 6 年，初中学历为 9 年，中专或高中学历为 12 年，大学或以上学历为 15 年；其次，对被试受教育程度、家庭年收入和工作稳定性 3 个变量的标准分数进行主成分分析，计算出各变量的因素负荷，就可以用公式计算出每个社区矫正对象的客观社会经济地位的具体数值。客观社会经济地位得分越高表示社区矫正对象的客观社会经济地位越高。本研究样本的客观社会经济地位得分区间为 $-2.05 \sim 3.6$。

（3）主观社会经济地位。采用 Adler et al.（2000）设计的主观社会经济地位量表，通过一个 10 级阶梯来呈现不同的社会经济地位，层级越高，社会经济地位越高。被试根据真实情况主观判断自己属于阶梯的哪一级。

（4）社会排斥。采用吴惠君（2013）编制的社会排斥问卷，包括 19 个题目，分为直接排斥和间接排斥两个维度，其中直接排斥维度有 10 个题目，间接排斥维度有 9 个题目。该问卷采用 5 点计分（1 分代表从不，5 分代表总是），得分越高表明个体经历的社会排斥越频繁。本研究中，总量表克朗巴赫系数为 0.923。

（5）控制感。采用 Pearlin et al.（1978）编制的中文版自控量表来考察社区矫正对象的个人控制感。该量表共 7 个项目，采用 4 点计分，从"非常不同意"到"非常同意"，采用平均分作为问卷得分，得分越高表明被试的自控感越强。本研究中，控制感量表克朗巴赫系数为 0.815。

（6）个人基本信息调查表。根据研究的需要和社区矫正对象的实际自编了个人基本信息调查表。

3. 数据处理

删除无效问卷后，将有效问卷进行编号，使用 SPSS 23.0 进行数据的录入。各量表数据均为连续型计量资料，均服从正态分布。统计方法包括描述性统计、t 检验、方差分析，检验水准 $\alpha=0.05$。

三、研究结果

1. 共同方法偏差检验

由于所有数据都来自被试的自我报告，因此使用 Harman 单因素检验法进行共同方法偏差检验。结果发现，本研究数据特征值大于 1 的因子共有 9 个，且第一个因子解释的变异量为 11.77%，小于 40% 的临界标准，说明共同方法偏差不明显。

2. 社区矫正对象的描述性统计和相关分析

表 4-14 列出的是各变量的均值和标准差，以及它们之间的相关系数。通过结果可以发现，总体相对剥夺感与客观社会经济地位（$r=-0.242$，$p < 0.001$）、主观社会经济地位（$r=-0.374$，$p < 0.001$）、控制感显著负相关（$r=-0.369$，$p < 0.001$），与社会排斥显著正相关（$r=0.352$，$p < 0.001$）。纵向相对剥夺感和横向相对剥夺感与个体变量和环境变量也呈显著相关关系，且与总体相对剥夺感方向一致。

表 4-14　各研究变量的均值和相关系数

类　别	M（SD）	纵向 RD	横向 RD	总体 RD
客观社会经济地位	0.02（0.94）	-0.293**	-0.157**	-0.242**
主观社会经济地位	4.33（1.53）	-0.317**	-0.377**	-0.374**
社会排斥	2.12（0.51）	0.303**	0.349**	0.352**
控制感	3.16（0.48）	-0.295**	-0.387**	-0.369**

注：***$p < 0.001$，**$p < 0.01$，*$p < 0.05$；M 表示均值，SD 表示标准差。

3. 个体和环境因素对社区矫正对象相对剥夺感的影响

为进一步分析个体和环境因素与社区矫正对象相对剥夺感的关系，在前面相关分析的基础上做回归分析。采用层次回归分析考察个体变量和环境变量对社区矫正对象相对剥夺感的预测作用。以客观社会经济地位、社会排斥、主观社会经济地位、控制感作为自变量，社区矫正对象相对剥夺感作为因变量，并将年龄、婚姻状况、学历作为控制变量，进行逐步回归分析。

如表 4-15 所示，在控制了年龄、婚姻状况、学历的影响后，主观社会经济地位对总体相对剥夺感的预测力最强（$\beta=-0.26$，$p < 0.001$），能够解释总体相对剥夺感 16% 的变异量；其次是社会排斥（$\beta=0.17$，

$p < 0.001$），解释总体相对剥夺感 6% 的变异量；客观社会经济地位（$\beta=-0.16$，$p < 0.001$）解释总体相对剥夺感 3% 的变异量；控制感（$\beta=-0.17$，$p < 0.001$），解释总体相对剥夺感 2% 的变异量；所有个体和环境因素对社区矫正对象总体相对剥夺感的解释率为 27%。

表4-15　个体和环境因素对社区矫正对象相对剥夺感的回归分析

回归方程		整体拟合指数				
结果变量	预测变量	R^2	F	$\triangle R^2$	β	t
总体剥夺感	主观社会经济地位	0.27	85.43***	0.16	-0.26	-8.44***
	社会排斥	—	—	0.06	0.17	5.11***
	客观社会经济地位	—	—	0.03	-0.16	-5.61***
	控制感	—	—	0.02	-0.17	-4.83***

注：***$p < 0.001$，**$p < 0.01$，*$p < 0.05$。

由预测系数和解释变异量发现，整体而言，个体因素对社区矫正对象相对剥夺感的预测效应要大于环境因素，在个体因素中以主观社会经济地位的预测效应较大，在环境因素中又以社会排斥的预测效应较大。

四、问题探讨

本研究在研究一、二的基础上，同时关注社区矫正对象相对剥夺感产生的内外影响因素，并进一步探讨入矫时间的可能调节作用，研究结果对于揭示社区矫正对象相对剥夺感的产生机制、理解相对剥夺感的完整心理过程，以及后续的预防和干预实践均具有重要价值和意义。

1. 环境因素对社区矫正对象的相对剥夺感存在显著影响

社会生态系统理论（Society Ecosystem Theory）认为个体的适应和发展都离不开自己所处的社会生态系统的影响。个体只是其中一个微观系统，在个体之外，还存在其他客观系统，比如家庭、社区、单位、学校等系统。所谓"人在情境中"，对于社区矫正对象而言，影响其心理变化的环境因素就是客观社会经济地位和社会接纳程度。

研究发现，在控制了年龄、婚姻状况、学历的影响后，客观社会经济地位对社区矫正对象的相对剥夺感仍具有显著的负向预测作用。这证实了本研究的假设 H1，也与以往针对特殊群体的研究结果一致（Grant，2008；Moore，2003）。研究结果表明，随着社区矫正对象客观社会经济地位的提升，他们所感知的与周围人之间的差异会逐渐缩小。一般而言，社会经济地位的差异会给个体带来更多环境不公平的信息（Bradley and Corwyn，2002）。研究发现，客观社会经济地位较低的个体相比于社会经济地位较高的个体，其所拥有社会资源通常处于劣势，在社会比较的过程中，往往会感受到过大的差距，容易产生较强的个体相对剥夺感（Callan，2016）。具体到社区矫正对象，一方面，就业是个体生活的重要组成部分，他们无论是原来有公职工作被开除，还是原本自由职业，都只能在原居住地重新寻找工作，对家庭收入和社会资源带来较大损失；另一方面，从社会地位的角度看，社区矫正对象带有罪犯身份，会感觉低人一等，同时给其家庭和子女也带来较多负面影响。因此，无论是和过去的自己相比，还是和周围的同龄人相比，社区矫正对象都能感知到自己因错误失去太多权益，容易在心理上产生相对剥夺感。

研究结果还显示，社会环境的不接纳即社会排斥给社区矫正对象相对剥夺感也带来不同程度的影响作用，证实了本研究的假设 H2。人是一切社会关系的总和，需要与他人建立有意义的人际关系，来满足个体的情感需求。如果人们在社会生活中总是遭遇他人的拒绝和排斥，无法拥有正常和健康的人际互动，那么被排斥者的身心会产生很大创伤。Wang & Sha（2018）在研究中发现，社会排斥会影响个体的整体认知功能，表现为降低个体的认知控制和自我调适的能力。Sen & Pal（2013）从社会经济学的角度，设计了 5 条降低个体相对剥夺感的路径，结果发现影响相对剥夺感最显著的路径是社会认同，这说明增加社会认同可以降低个体的相对剥夺感，进而提升其社会幸福感。国内的研究也发现，缺少社会参与是影响中国老年人心理健康，使其产生相对剥夺感的重要因素（Lyu and Sun，2020）。有关社区矫正对象的研究发现，社会融入压力对他们的心理健康存在直接影响，表现在无法与所处环境建立有效链接，脱离主流社会群体（杨彩云，2014）。社区矫正对象进入社区矫正之后，面临着合法身份、生活居所、工作与劳动保护、医疗保障等权利的损失，使得他们面临着跟过去不一样的困境，产生失去太多自身权益的主观感受（林兰芬，2008）。

通过比较客观社会经济地位和社会环境的预测作用大小发现，社会排斥的外部环境对社区矫正对象相对剥夺感的解释变异量要大于客观社会经济地位。对于社区矫正对象而言，社区是他们工作和生活的主要场所，也是他们接受刑事执行成功与否的重要心理社会场所。因此，社区环境对其心理变化有直接显性的影响。而客观社会地位具有相对隐蔽性，加上在原来居住地接受监督管理，前后差异不会很大，因此对社区矫正对象的心理影响没有社会排斥那么显著。这也提示研究者，为有效预防和降低社区矫正对象的相对剥夺感，必须重视发挥社区环境的重要作用，为社区矫正对象营造一个积极健康的社区心理环境。

2. 个体因素对社区矫正对象的相对剥夺感存在显著影响

除了外在的环境因素之外，内在的个体因素也是影响社区矫正对象相对剥夺感发展不容忽视的因素。基于有关社区矫正对象和相对剥夺感的文献研究，著者考察了主观社会经济地位和控制感对社区矫正对象相对剥夺感的影响作用。结果显示，在控制了年龄、婚姻状况、学历的影响后，主观社会经济地位对社区矫正对象的相对剥夺感仍具有显著的负向预测作用，这证实了本研究的假设 H3。前面证实了客观社会经济地位是影响社区矫正对象相对剥夺感的环境因素，但是有学者认为，相比客观社会经济地位而言，主观经济地位对个体相对剥夺感的影响同等重要（Greitemeyer and Sagioglou，2017）。根据 Festinger（1982）的社会比较理论，客观社会经济地位较高的人进行向上比较时，个体容易产生较低的主观社会经济地位，进而产生相对剥夺感。由此可见，主观社会经济地位和相对剥夺感密切相关，因为它们都强调了人们感知到的相对社会地位，但是相对剥夺感是在主观社会经济地位基础上认知和情感的综合结果（Callan，Kim，and Matthews，2015）。根据相对剥夺理论，社区矫正对象处于"罪犯"和"社区居民"的双重身份中，因此当社区矫正对象与社区的同龄人比较，容易产生一种社会经济地位处于劣势的感觉，这是客观社会经济地位低下导致的受剥夺感，然而社区矫正对象对自己社会阶层的主观认识和信念，甚至会比客观社会经济地位对个体受剥夺感的影响更大（陈艳红等，2014）。研究结果也证实了这点。

研究还显示，在控制了年龄、婚姻状况、学历的影响后，控制感对社区矫正对象的相对剥夺感也具有显著的负向预测作用，这说明外控型的个体比内控型的个体更容易体验相对剥夺感，证实了本研究的假设H4。个人的控制感水平影响着一个人适应生活和应对生活压力的能力，即内控型和外控型的个体会对外部刺激做出不一致的反应。内控型个体会对事情的发生负责，采取更积极主动的方式面对和解决问题，而外控型个体则将事情的发生归因于无法掌控的外部因素，因此容易采取被动逃避的消极态度，从而容易体验到不公平、不满等认知和情感。Crosby（1976）的研究发现，内—外控型人格特质会影响个体的相对剥夺感水平。在社区接受刑事执行，对社区矫正对象而言是相对不可控的环境，此时个体对未来事件掌控程度的主观认识可能发生偏差，认为自己受到了区别对待，进而产生主观的剥夺感。刘红霞（2016）对服刑人员的研究发现，心理控制感对其心理健康有显著的影响。

进一步比较主观社会经济地位和控制感的预测作用大小发现，主观社会经济地位对社区矫正对象相对剥夺感的解释变异量要显著大于控制感。社区矫正对象回到居住地接受监督管理，其原有社会资源处于断裂的状态，这种社会资源的断裂持续积累和沉淀在个体身上，便会内化为更低的主观社会地位认知，即自感与周围人相比更糟糕、更不利（Smith et al.，2012）。这提醒人们要关注社区矫正对象的就业情况、家庭生活、人际关系等方面，切实提高其对自身主观社会经济地位的认知，有效提高社区矫正对象的获得感水平。

五、结　论

本研究在前人研究和实证分析的基础上，系统考察了个体因素和环境因素对社区矫正对象相对剥夺感的影响作用，得出以下结论。

（1）社区矫正对象的相对剥夺感与客观社会经济地位、主观社会经济地位、控制感呈显著的负相关，与社会排斥呈显著的正相关。

（2）在控制了人口统计学变量之后，客观社会经济地位、主观社会经济地位、控制感对社区矫正对象的相对剥夺感具有显著的负向预测作用，社会排斥具有显著的正向预测作用。

（3）个体因素对社区矫正对象相对剥夺感的预测效应整体上要大于环境因素，在个体因素中以主观社会经济地位的预测效应较大，在环境因素中以社会排斥的预测效应较大。

第五章　相对剥夺感对社区矫正对象心理适应的影响机制

第一节　研究四：社区矫正对象心理适应的现状特点

一、研究目的与假设

应激与个体的身心健康密切相关。社区矫正作为一种应激事件，其具有紧张性的特点，要求个体重新适应。研究显示服刑人员的社会适应能力较差（王佳权等，2007）。早年无法适应社会导致服刑人员产生错误理念和失范行为，现在又因社会适应能力差阻碍其重新改造和再适应社会（Deutsch，1989；Bender，2010；景璐石等，2014）。

因此，如何提升社区矫正对象的心理适应能力，帮助他们尽快融入主流社会，是当前社区矫正工作面临的重要任务。心理适应，是一种与环境能保持平衡状态的心理体验与感受，是个体心理健康发展的基础，尤其当个体面临困境或压力时，如何挖掘自身和环境中的积极要素，提升心理适应水平显得尤为重要，社区矫正对象也不例外。

对于社区矫正对象而言，要想维持良好的心理健康水平，必须以积极的心理适应为基础。所以，评估社区矫正对象回归主流社会的标准，就是他们能够改变旧有的价值观念、行为模式、知识技能、社会支持体系，发自内心地认罪服法，主动接受改造和教化，真正融入社会，达到心理适应的状态。自《中华人民共和国社区矫正法》正式实施后，各地司法机构积极对社区矫正对象进行教育与帮扶，社区矫正对象可以在居住地范围内和家人生活在一起，自由选择工作，不仅可以获取社会资源、积极改造，还可以实现自我价值，重新建立对自己人生的掌控感。基于上述研究基础，同时结合社区矫正对象的实际情况提出以下假设。

H1：社区矫正对象的心理适应总体处于中等水平。

社区矫正对象在回归社会过程中可能会面临着严峻的重新适应社会的挑战。他们需要改变原有的行为认知偏差，重新建立起一套新的价值观、文化规范和行为模式，再次被社会及公众接纳，真正回归社会，达到心理适应的状态。社区矫正对象是具有能动性、反思性的社会融入的主体，是有着丰富的内心情感的主体。李光勇（2012）在研究中发现，影响社区矫正对象社会融入程度的因素有个体的人口学特征、人格特征、社会态度、社区矫正情况等。由此可见，社区矫正对象的心理适应过程中，个体人口学特征对其融入环境发挥着双向协同作用，性别、婚姻状况、受教育程度等个体性差异都会对其重新融入社会产生影响（Davis et al.，2013）。基于上述研究基础，同时结合社区矫正对象的实际情况，提出假设如下。

H2：男性社区矫正对象的心理适应水平高于女性社区矫正对象。

H3：不良婚姻状况（离婚或丧偶）会显著影响社区矫正对象的心理适应水平。

H4：不同学历层次会显著影响社区矫正对象的心理适应水平。

H5：入矫时间越长，社区矫正对象的心理适应水平越高。

二、研究方法

1. 被　试

研究对象同第四章研究二，共有 1339 名社区矫正对象的有效被试参与数据分析。

2. 研究工具

（1）家庭基本信息的测量。由社区矫正对象填写的基本信息，如姓名、性别、家庭所在地、学历层次，家庭经济状况等。

（2）主观幸福感。由生活满意度、积极情绪、消极情绪共同构成。生活满意度量表采用 Diener et al.（1985）编制，熊承清等人（2009）修订的生活满意度量表。该量表主要考察个体对自己整体生活状况是否符合自身期待的主观认知和评价，是使用十分广泛的关于生活满意度评价的量表。该量表有 5 个项目，从"完全不符合"到"完全符合"采用 5 点计分。在本研究中，生活满意度量表克朗巴赫系数为 0.889。正负性情绪量表由 Waston 编制，黄丽等人（2003）修订。该量表有积极情绪和消极情绪两个分量表，主要考察个体在过去两周内的主观情绪状态。积极情绪分量表包含了快乐、兴奋、激情、乐观等要素，消极情绪分量表包含了抑郁、焦虑、孤独、疏离等要素。量表包含 20 个描述情绪的词语，从"几乎没有"到"非常频繁"5 点计分。本研究中，正负性情绪总量表及各分维度克朗巴赫系数分别为 0.785、0.821 和 0.848。

（3）自尊。采用 Rosenberg 自尊量表，进行自尊感的调查。自尊包括 10 个项目，都是关于自我评价的内容，采用 4 点计分，原始量表有 5 道题正向计分，5 道题反向计分，考虑到中西方文化的差异，将第 8 题改为正向计分。得分越高，显示个体的自尊水平越高。本研究中，自尊量表克朗巴赫系数为 0.825。

（4）孤独感。采用由国内学者周亮、黎芝等人（2012）编制的 ULS-8 简化量表，包含 6 个条目。采用 4 点记分，计分方法为从不计为 1 分、很少计为 2 分、有时计为 3 分、一直计为 4 分，4、5、6 三题反向计分，得分越高代表孤独感越强烈。

3. 数据处理

使用 SPSS 23.0 进行数据的录入，各量表数据均为连续型计量资料，均服从正态分布。统计方法包括 t 检验、方差分析、相关分析和线性回归分析、因子分析，检验水准 $\alpha=0.05$。

三、研究结果

1. 共同方法偏差检验

为减少因为自评问卷带来的共同方法偏差，采取 Harman 单因素检验法进行共同方法偏差检验。结果发现，本研究数据特征值大于 1 的因子共有 4 个，且第一个因子解释的变异量为 14.67%，小于 40% 的临界标准，说明共同方法偏差不明显。

2. 社区矫正对象心理适应的指标有效性

根据各变量的均值得分均在中位数附近，说明本次调查社区矫正对象的心理适应总体处于中等水平。

前面通过文献综述选择用主观幸福感、自尊、孤独感等数据来表征社区矫正对象的心理适应指标，因此还需要通过统计方法来验证心理适应指标的有效性。

采用 Pearson 相关检验社区矫正对象主观幸福感、自尊、孤独感之间的关系，分析结果如表 5-1 所示。可以看出，各变量间均达到了高度相关，说明各变量关系紧密。

表 5-1　社区矫正对象主观幸福感、自尊和孤独感的相关系数

类　别	$M\pm SD$	主观幸福感	自　尊	孤独感
主观幸福感	4.99±1.96	1	—	—

续　表

类　别	$M\pm SD$	主观幸福感	自　尊	孤独感
自尊	3.16±0.48	0.63**	1	—
孤独感	2.12±0.51	-0.61**	-0.58**	1

注：***$p < 0.001$，**$p < 0.01$，*$p < 0.05$。

主观幸福感、自尊、孤独感 3 个指标是否能合成心理适应的总指标，先采取 Bartlett 球形检验，$p < 0.001$，KMO 系数为 0.72，大于通常认定的标准 0.5，数据结果表明说明 3 个指标有合成一个主成分的可能性，可以针对样本数据做进一步因素分析。采用斜交旋转法对主观幸福感、自尊、孤独感分数进行因素分析。结果显示，特征根大于 1.0（特征根 =2.21）的因子只有 1 个，并且该因子对总方差的解释率为 73.74%。主观幸福感对该因子的载荷为 0.87，自尊对该因子的载荷为 0.86，孤独感对该因子的载荷为 -0.71，共同度均大于 0.7。因子分析结果说明可以将主观幸福感、自尊、孤独感 3 个指标合成心理适应的综合指标。此外，主观幸福感、自尊、孤独感 3 个指标的克朗巴赫系数值均在 0.6 以上，总量表克朗巴赫系数为 0.83，这表明总量表的稳定性较好。

以上这些结果说明，可以将 3 个分问卷合并为一个主成分，即心理适应的综合指标。合并时，先对主观幸福感、自尊、孤独感 3 个分量表分数进行标准化，这三个标准分乘以对应因子载荷，即可获得心理适应总分：$Z_{总} = 0.87 \times Z_{主观体幸福感} + 0.86 \times Z_{自尊} - 0.71 \times Z_{孤独感}$

3. 社区矫正对象心理适应的性别差异分析

（1）社区矫正对象心理适应的性别差异分析。对不同性别样本进行独立样本 t 检验，结果如表 5-2 所示。从表中可以看出，在主观幸福感、自尊、孤独感上，被试得分没有性别差异，总体男性心理适应状况好于女性。这表明，从整体上来说，男性社区矫正对象比女性社区矫正对象的心理适应程度更高。

表5-2　社区矫正对象心理适应指标的性别差异分析

变　量	男　性	女　性	t
主观幸福感	4.94±1.91	4.75±2.05	1.76
自尊	3.17±0.48	3.14±0.45	0.79
孤独感	2.11±0.50	2.14±0.49	-0.75

注：$***p<0.001$，$**p<0.01$，$*p<0.05$。

（2）社区矫正对象心理适应的婚姻状况差异分析。社区矫正对象的婚姻状况是他们社会系统的重要组成部分，是他们遇到生活冲击的"保护伞"，对他们融入社会有较大的影响。通过 F 方差分析发现，社区矫正对象的主观幸福感、自尊和孤独感在婚姻状况上均差异显著，结果如表5-3所示。经过 LSD 事后比较，在主观幸福感指标上，已婚者得分显著高于未婚者，未婚者显著高于离婚或丧偶者；在自尊指标上，已婚者得分显著高于未婚者和离婚或丧偶者；在孤独感指标上，离婚或丧偶者得分远高于未婚和已婚者。总而言之，婚姻状况会显著影响社区矫正对象的心理适应水平。

表5-3　社区矫正对象心理适应的婚姻状况差异分析

变　量	未婚①	已婚②	离婚或丧偶③	F	LSD
主观幸福感	4.69±1.75	5.11±1.97	4.23±1.82	14.12***	②>①>③
自尊	3.09±0.45	3.17±0.47	3.08±0.44	4.08*	②>①，②>③
孤独感	2.21±0.46	2.10±0.49	2.26±0.44	8.83***	③>②，①>②

注：$***p < 0.001$，$**p < 0.01$，$*p < 0.05$。

（3）社区矫正对象心理适应的学历层次差异分析。社区矫正对象自身的学历层次代表了他们的知识文化程度，是他们认识自身、认识世界、改变原有的价值标准和行为规范的基础。因此，学历层次对社区矫正对象再社会化的进程可能产生影响。通过 F 方差分析发现，从表中可以看出，在主观幸福感、自尊、孤独感上，被试得分没有学历差异，结果如5-4所示。

表5-4　社区矫正对象心理适应的学历层次差异分析

变　量	小学①	初中②	高中或中专③	大专或以上④	F	LSD
主观幸福感	4.12±1.34	4.10±1.23	4.28±1.26	4.18±1.41	1.370	—
自尊	3.11±0.54	3.13±0.44	3.13±0.45	3.21±0.51	1.85	—
孤独感	2.16±0.48	2.15±0.49	2.13±0.53	2.11±0.43	0.63	—

注：$***p < 0.001$，$**p < 0.01$，$*p < 0.05$。

（4）社区矫正对象心理适应的入矫时间差异分析。对社区矫正对象而言，进入社区接受刑事执行和矫正教育是他们人生重新开始的一个新阶段，对他们的心理适应是一个严峻的挑战。鉴于入矫4年以上的样本量较少，研究者将4、5、6年合并成4年及以上，由此形成了3个入矫时间段（1年、2～3年、4年及以上）。基于心理适应各指标与入矫时间的 F 方差分析统计发现，主观幸福感、孤独感在入矫时间上存在显著差异，自尊在入矫时间上存在不存在差异。经过 LSD 事后检验，具体来说，在主观幸福感得分上，入矫2～3年和4年及以上个体的得分显著高于入矫1年的个体。在孤独感得分上，入矫1年个体的得分高于4年及以上个体，如表5-5所示。总的来说，随着入矫时间的增长，社区矫正对象心理适应越来越好。

表5-5　社区矫正对象心理适应的入矫时间差异分析

变　量	1年①	2～3年②	4年及以上③	F	LSD
主观幸福感	4.86±2.03	5.03±1.83	5.63±1.95	8.11***	③>①，③>②
自尊	3.17±0.45	3.15±0.47	3.15±0.44	0.47	
孤独感	2.15±0.46	2.11±0.49	2.02±0.44	2.84*	①>③

注：$***p < 0.001$，$**p < 0.01$，$*p < 0.05$。

四、问题探讨

心理适应是个体心理发展的前提，也与个体正常的社会功能息息相关。心理适应是个体主观能动性的体现，展示了个体对社会环境的适应能力（Black and Deci，2000），可以理解为心理适应是个体在其社会化过程中表现出来的相对稳定的心理与行为特征。因为每个人的适应过程，都需要将情绪表达、沟通协调、综合分析、提出决策、践行决策等多种技能灵活展示出来（Kolb and Hanley-Maxwell，2003）。

本研究将主观幸福感、自尊和孤独感作为社区矫正对象的心理适应指标，源于这个群体的特殊性。虽然跟监狱服刑人员相比，社区矫正对象能够不脱离家庭和社会关系，但是"罪犯"的身份依然可能对他们的正常生活和工作造成困扰，带来诸如失业、收入下降、家庭矛盾、限制人身自由、被标签化等应激事件，给他们带来焦虑、抑郁、孤独、疏离等消极情绪，使他们的自我评价降低，最终影响社区矫正对象的情感状态以及其对整体生活状况的满意程度。所以，社区矫正对象的心理适应可以由主观幸福感、自尊和孤独感3个变量进行表征，无论是3个变量的相关分析还是探索性因子分析结果都证实了这一点。

研究结果显示，社区矫正对象的心理适应总体处于中等水平，体现了社区矫正制度对社区矫正对象重新融入社会的积极影响。该结果证实了本研究的假设H1。2021年7月1正式实施的《中华人民共和国社区矫正法》非常重视社区矫正对象的心理健康，要求在实际工作中帮助社区矫正对象矫正错误的行为认知，加强人文关怀和心理疏导，去除标签化和污名化，培养他们的积极心理品质，恢复其正常的社会功能，将罪犯改造成一名守法社会公民，使其重新适应并顺利回归社会。

研究结果还发现，社区矫正对象在主观幸福感、自尊和孤独感上不存在性别差异，总体来说男性心理适应状况好于女性，证实了本研究的假设H2，性别差异在一定程度上影响社区矫正对象的社会适应。究其原因，可能是在传统文化和生理特性的双重影响下，女性社区矫正对象更看重自身与社会系统之间的关系，社区矫正对象的身份使得她们的心理承受能力、就业能力均比男性差，更容易陷入被歧视、精神压力大、经济地位低的困境中，导致其社会适应相比男性社区矫正对象更加艰难（Cobbina，2010）。研究者发现女性社区矫正对象普遍的心理特征有自控力差，情绪波动大；自卑、孤独、依赖；渴望得到安慰（张扬，2016）。因此，女性社区矫正对象更加在意外界的看法，她们更容易受到来自熟人、朋友，甚至是家人的指责，这也导致其心理负担过大，难以重新适应社会（刘柳，2014）。

研究还发现，离婚或丧偶会显著影响社区矫正对象的心理适应水平，这证实了本研究的假设 H3。在主观幸福感指标上，已婚者得分显著高于未婚者，未婚者得分显著高于离婚或丧偶者；已婚者的自尊得分显著高于未婚者和离婚或丧偶者，而离婚或丧偶者的孤独感水平远高于未婚和已婚者。很显然，不良婚姻状况会影响社区矫正对象的心理适应水平。已婚者更满意于自己的社区矫正现状，认为生活质量比较符合自身期望，对自我评价更高、更有价值感；而婚姻不幸福者增加了个体的孤独感，可能对回归社会带来负面影响。婚姻是个体重要的情感和经济支持，个体在遇到困难和危机时，往往能从伴侣处获得经济资源和情感资源，如一起分担并解决问题，共同面对收入减少的困境等。这些婚姻优良的因素对个体的社会系统重建、回归主流社会等会起到重要影响。

社区矫正对象的心理适应水平在不同学历层次上没有体现出差异，研究结果没有证实假设 H4。

研究结果还显示，社区矫正对象的心理适应水平呈现出随着入矫时间的延长而逐渐提高的趋势，这证实了本研究的假设 H5。在主观幸福感得分上，入矫 2～3 年和 4 年及以上个体的得分显著高于入矫 1 年的个体；在孤独感得分上，入矫 1 年个体的得分高于 4 年及以上个体。显然，刚入矫个体的心理适应状况比较令人担忧。具体来说，生活满意度是心理适应的认知维度，是个体对自己总体生活状态的主观评价（张兴贵、何立国、郑雪，2004）。刚刚开始在社区入矫的个体离开原来熟悉的生活轨道，无论是经济收入还是社会地位都受到消极影响，只会让原本的处境更加窘迫，因此对生活总体状态的评价偏低。情绪是心理适应的情感维度，是一种心情低落、沮丧的主观感受。消极情绪是由多种因素综合形成的，主要是个体对外界刺激事件的看法在心理上引发的不良情绪体验。刚入矫的社区矫正对象，无论是认知系统还是社会支持资源都在调整之中，很容易出现较多的消极情绪。

关于社区矫正对象心理适应的现状分析结果，提示人们在社区矫正工作中，要充分考虑矫正对象的个体差异和实际情况，尤其是关注社区矫正对象的婚姻状况和入矫时间。所以，社区矫正工作切忌"一刀切"的简单管理方式，应该以社区矫正对象的基本心理需求为本。要针对不同类型群体进行个性化、需求化矫正（孙志丽，2015）。

五、结　论

第一，社区矫正对象的心理适应可以由主观幸福感、自尊和孤独感3个变量进行表征。

第二，社区矫正对象在主观幸福感、自尊和孤独感上不存在性别差异和学历层次差异。

第三，在主观幸福感水平上，已婚者得分显著高于未婚者，未婚者得分显著高于离婚或丧偶者；在自尊水平上，已婚者得分显著高于未婚者和离婚或丧偶者；在孤独感水平上，离婚或丧偶者得分远高于未婚和已婚者。

第四，入矫2～3年和4年或以上的社区矫正对象主观幸福感显著高于入矫1年的社区矫正对象；入矫1年社区矫正对象的孤独感水平高于4年及以上社区矫正对象。

第二节　研究五：相对剥夺感影响社区矫正对象心理适应的心理危险因素

一、研究目的与假设

社区矫正对象虽然在社区工作生活，但依然为"罪犯"身份，并且被部分限制人身自由，这对他们的社会信用和寻找新工作带来限制，加之人们可能对这个群体的认识带有歧视和偏见，容易给社区矫正对象的心理适应带来困扰和压力（杨彩云，2022）。研究表明，社区矫正对象普遍存在较多负面心理，如自卑、孤独、自制力差，情绪波动大，有比较多的认知偏差（刘素珍等，2006；沈海英，2011；魏然，2012；杨玲等，2016）。

大量研究表明相对剥夺感会对个体心理适应产生明显不利的影响，归纳起来主要体现在主观幸福感、自尊、孤独感等消极情绪的影响方面。首先，相对剥夺感与主观幸福感一样，都是个体进行社会比较时，对自身社会地位的主观认知和情绪体验，当个体感知自己处于劣势地位并且无法改变时，个体会进入情绪低落、挫败无助的情境中，降低个人的幸福感（Chen et al.，2022）。研究者在纵向研究中，发现了相对剥夺感对个体和群体主观幸福感具有负性的长期效应（Schmitt，Maes，and Widaman，2010）。国内对大学生和农民工群体的研究均证实了相对剥夺感对个体主观幸福感的显著影响（李月梅，2018；王亚楠，2017）。

研究还发现，相对剥夺感对个体的自尊有显著负面影响。有研究者通过实验设计来激发被试的相对剥夺感，并测量实验前后被试的自尊水平，证实个体的相对剥夺体验会降低某些方面的个体自尊（如自信维度）（Walker，1999）。Tougas et al.（2005）对加拿大女警察的调查表明，个体相对剥夺对自尊具有显著的负向预测作用。

相对剥夺感是一种强烈的无助、挫败、不公平的情绪和体验，容易使个体体验到更多的孤独感、压力和抑郁等消极感受。Mclaughlin et al.（2012）调查了6483名美国青少年，结果发现，相对剥夺可以正向预测青少年的情绪障碍。Zhang & Tao（2013）调查了5925名中国大学生，结果发现相对剥夺感可以正向预测大学生的抑郁水平和产生自杀意念的可能性。基于以上实证研究和理论分析，本研究提出假设如下。

H1：相对剥夺感负向预测社区矫正对象的心理适应水平。

社区矫正对象因其身份的特殊性，在社区工作和生活中可能遭遇困境和心理压力，其中歧视知觉是个体情绪体验的风险因素之一。歧视知觉是相对于客观歧视而言的一种主观体验，是指个体知觉到由于自己所属的群体成员身份而受到有区别的或不公平的对待（刘霞、赵景欣、师保国，2011）。一方面，相对剥夺感的核心是社会比较，会带给个体消极的、否定的个人体验，这种处于相对弱势的否定性认知和情绪使个体对外界环境更加敏感，更容易体会到被歧视的感受（刘霞、赵景欣、师保国，2011；余青云、张静，2018）；另一方面，歧视知觉会对个体的社会生活和心理健康带来诸多消极影响，如降低个体的自我价值感和自我评价，使个体容易陷入无助、抑郁、挫败的情绪体验中（张光珍等，2016；Brownfield and Thompson，2005）。在现实生活中，社会民众普遍对"罪犯"有刻板印象，容易对社区矫正对象另眼相看，甚至拒绝为其提供就业岗位，社区矫正对象会感受到自身失去某些权益，因此对外界环境的态度极为敏感，这不利于他们的社会融入和心理适应。基于以上实证研究和理论分析，本研究提出假设如下。

H2：歧视知觉在社区矫正对象相对剥夺感与心理适应之间起中介作用。

犯罪问题是一个复杂的社会现象，其中涉及个体的人格、认知、情感和行为等多种心理特征。个体的心理特征既是他们犯罪的前因，也可能是他们洗心革面、矫正其错误行为的影响因素。道德推脱是认知危险因素之一，是指个体通过自我认知和评价，定义自身的不道德行为，从而使得该行为更为合理化，并避免自我制裁的一种认知倾向（Bandura，1986）。Bandura（1986）认为自我调节系统是整个道德系统的基础，当个体有不道德行为发生时，这一自我调节系统可能失效的原因是8个相互关联的推脱机制有选择地失效，即道德辩护、委婉标签、有利比较、责任转移、责任分散、忽视或扭曲结果、非人性化、责备归因。道德推脱能解释为什么有些人在做出不道德行为后没有明显负罪感。

相对剥夺感的概念中隐含着嫉妒、伤害和低自我价值的感觉。这种消极的自我感觉会使人们降低对自身的道德觉察和道德监控，引发道德认知偏差，比如道德推脱机制（Caprara et al.，2013；Paciello et al.，2008）。而对于社区矫正对象而言，在社区接受矫正和监督管理，需要他们改变原有的认知偏差，承担责任，重新建立起一套新的价值观、文化规范和行为模式，再次被社会及公众接纳。因此，社区矫正对象回归社会的过程，也是对他们道德认知进行矫正和重塑的过程。由此，本研究提出假设如下。

H3：道德推脱在社区矫正对象相对剥夺感与心理适应之间起中介作用。

另外，歧视知觉也促使个体出现道德认知扭曲，进而导致道德推脱。歧视知觉是一种消极的心理感受，社会对"罪犯"的刻板印象会加深社区矫正对象被歧视的感受，很容易把这种被不平等对待的经验同样投射到其他人身上（王芃、王忠军、李松锴，2013），使得他们在自我反思和自我教育中更多地选择回避和推卸责任，不利于社区矫正对象以积极健康的心态重返社会。多项研究证实，受歧视个体更容易出现道德认知偏差，合理化自己的不道德行为，激发更严重的道德推脱（Koenig et al.，2004；孙丽君等，2017）。基于以上实证研究和理论分析，本研究提出假设如下。

H4：道德推脱和歧视知觉在社区矫正对象相对剥夺感与心理适应之间起链式中介作用。

综上所述，本研究主要探讨相对剥夺感对社区矫正对象心理适应（包括幸福感、孤独感、自尊）的影响效应及其危险心理因素的作用机制，重点考察歧视知觉和道德推脱在相对剥夺感和心理适应之间的中介作用和链式中介作用。研究的整体框架和概念模型如图5-1所示。

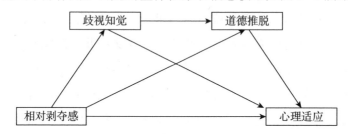

图5-1　社区矫正对象相对剥夺感影响心理适应的心理危险因素模型

二、研究方法

1. 被　试

研究对象同第四章研究二，共有1339名社区矫正对象的有效被试参与数据分析。

2. 研究工具

采用《自编相对剥夺感量表》《生活满意度量表》《正性负性情绪量表》《自尊量表》《孤独感量表》《歧视知觉量表》《道德推脱量表》进行问卷数据收集。

《自编相对剥夺感量表》《生活满意度量表》《正性负性情绪量表》《自尊量表》《孤独感量表》在前章节中详细论述，此处不再赘述。

歧视知觉量表。采取申继亮等人于2009年修订的歧视知觉问卷，共6个项目，分为个体歧视知觉和群体歧视知觉两个维度。该问卷已在国内多个研究中得到使用，具有良好的信效度。施测过程中，根据被试的不同修改了部分措辞。其中个体歧视知觉维度留有 3 个项目，如"因为在社区接受矫正教育，我觉得自己被别人看不起"；群体歧视知觉维度剩余 3 个项目，如"总体上，那些像我一样的社区矫正对象受到了不公平的对待"。此部分采取 5 点计分法，1 ～ 5 代表从"非常不符合"到"非常符合"。得分越高表明被试的歧视知觉水平越高。在本研究中，该量表的总分和分量表的克朗巴赫系数为 0.83 ～ 0.91。

道德推脱量表。选取王兴超、杨继平（2010）在 Bandura 的基础上进行修订的中文版道德推脱问卷作为测量工具，该量表有 26 个条目，包括 8 个分量表，每个量表代表一种道德推脱的机制，即道德辩护、委婉标签、有利比较、责任转移、责任分散、忽视或扭曲结果、非人性化、责备归因。采用 5 点计分，1 ～ 5 代表从"非常不同意"到"非常同意"，得分越高表示道德推脱水平越高。在本研究中，该量表的总分和分量表的克朗巴赫系数为 0.82 ～ 0.89。

3. 数据处理

使用 SPSS 23.0 进行数据的录入，各量表数据均为连续型计量资料，均服从正态分布。运用独立样本 t 检验对相对剥夺感、歧视知觉、道德推脱、心理适应进行描述性分析，运用相关分析探究所有变量之间的相关关系，运用 PROCESS 插件考察变量之间的内在作用机制。

三、研究结果

1. 共同方法偏差检验

为减少因为自评问卷带来的共同方法偏差，采取 Harman 单因素检验法进行共同方法偏差检验。结果发现，本研究数据特征值大于 1 的因子共有 9 个，且第一个因子解释的变异量为 23.45%，小于 40% 的临界标准，说明共同方法偏差不明显。

2. 描述性统计和相关分析

计算所有变量的均值和标准差，同时采用 Pearson 相关分析探讨社区矫正对象相对剥夺感、歧视知觉、道德推脱与心理适应指标三者之间的关系（由于心理适应的描述性统计结果在前面已有介绍，此处不再赘述），结果如 5-6 所示。

结果发现相对剥夺感与歧视知觉、道德推脱显著正相关（r=0.24、0.35，$p < 0.01$），与心理适应显著负相关（r=-0.51，$p < 0.01$）；歧视知觉、道德推脱与心理适应显著负相关（r=-0.30，-0.66，$p < 0.01$）。这说明相对剥夺感、歧视知觉、道德推脱与心理适应之间存在着密切联系，有必要深入探明四者之间的关系。

表5-6　相对剥夺感、歧视知觉、道德推脱与心理适应的相关分析

变　量	$M\pm SD$	主观幸福感	自　尊	孤独感	相对剥夺感	歧视知觉
相对剥夺感	2.69±0.86	−0.55**	−0.38**	0.34**	1	—
歧视知觉	2.75±1.02	−0.24**	−0.31**	0.28**	0.24**	1
道德推脱	2.65±0.71	−0.59**	−0.55**	0.51**	0.35**	0.30**

注：***$p < 0.001$，**$p < 0.01$，*$p < 0.05$。

3. 中介效应检验

首先，在变量标准化的情况下，建立以相对剥夺感为自变量，心理适应为因变量，歧视知觉、道德推脱为中介变量的链式中介模型，并将年龄、学历等人口学信息作为控制变量，使用 SPSS PROCESS 插件进行多元层次回归分析。表5-7 的结果显示，相对剥夺感可以正向预测歧视知觉（β=0.24，$p < 0.001$）和道德推脱（β=0.30，$p < 0.001$），负向预测心理适应（β=-0.48，$p < 0.001$）；歧视知觉可以正向预测道德推脱（β=0.23，$p < 0.001$），负向预测心理适应（β=-0.11，$p < 0.001$）；

道德推脱可以负向预测心理适应（$\beta=0.83$，$p < 0.001$），如图 5-2 所示。

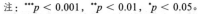

表 5-7　模型中变量关系的回归分析

回归方程		整体拟合指数		回归系数及显著性	
结果变量	预测变量	R^2	F	β	t
心理适应	相对剥夺感	0.26	438.42***	-0.80	-20.98***
歧视知觉	相对剥夺感	0.06	75.87***	0.24	8.71***
道德推脱	相对剥夺感	0.17	129.65***	0.30	11.21***
心理适应	歧视知觉 相对剥夺感 歧视知觉 道德推脱	0.52	456.90***	0.23 -0.48 -0.11 -0.83	8.57*** -14.62** -3.46** -24.53**

注：***$p < 0.001$，**$p < 0.01$，*$p < 0.05$。

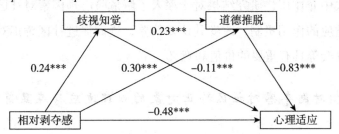

图 5-2　中介作用示意图

其次，通过偏差校正的非参数百分位 Bootstrap 法进行中介效应显著性检验（方杰、张敏强，2012），随机重复取样 5000 个，并计算 95% 的中介效应置信区间。结果表明，"相对剥夺感 → 歧视知觉 → 心理适应（-0.03）""相对剥夺感 → 道德推脱 → 心理适应（-0.26）"和 "相对剥夺感 → 歧视知觉 → 道德推脱 → 心理适应（-0.05）"三条路径 95% 的置信区间分别均不包含 0，并且在置信区间的范围内，有统计学意义。这说明歧视知觉和道德推脱在相对剥夺感和心理适应之间分别起中介作用，中介效应 3.3% 和 30.6%；歧视知觉和道德推脱在相对剥夺感和心理适应之间起链式中介作用，中介效应 5.6%，三条中介路径的总效应为 39.5%，如表 5-8 所示。

表 5-8　Bootstrap 检验法的结果

路径	效应量	Boot CI 下限 Boot CI 下限	占总效应 百分比
相对剥夺感→歧视知觉→心理适应	−0.03	−0.05　−0.01	3.3%
相对剥夺感→道德推脱→心理适应	−0.26	−0.29　−0.19	30.6%
相对剥夺感→歧视知觉→道德推脱→心理适应	−0.05	−0.06　−0.03	5.6%

注：$^{***}p < 0.001$，$^{**}p < 0.01$，$^{*}p < 0.05$。

四、问题探讨

基于前人的研究和理论分析，本研究考察了相对剥夺感对社区矫正对象心理适应影响的关系中，歧视知觉和道德推脱在两者之间的中介作用和链式中介作用，研究结果对于深入了解危险心理因素对社区矫正对象心理适应的作用机制，改变其认知偏差，进而促进社区矫正对象更好地融入社会等具有重要的价值和意义。

1. 相对剥夺感对社区矫正对象的心理适应存在显著的直接影响

本研究发现，相对剥夺感对社区矫正对象的心理适应水平具有显著的负向预测作用。该结果证实了本研究的假设 H1，也与前人的类似研究结果相一致（Chen et al., 2022；Schmitt, Maes, and Widaman, 2010；李月梅, 2018；王亚楠, 2017；Walker, 1999；Tougas, 2005；Mclaughlin et al., 2012；Zhang and Tao, 2013），甚至在追踪研究中也发现了相对剥夺感可以预测个体两年后的心理健康水平（Smith et al., 2020）。相对剥夺感使个体更多地体验到压力和抑郁等消极认知和情绪，进而导致其幸福感、自尊水平降低，甚至会产生酗酒、吸烟、攻击性行为等社会问题（熊猛、叶一舵, 2016；Kim et al., 2017；Mishra and Carleton, 2015；Kassab et al., 2020）。

不论是与自己的过去相比，还是与社区其他居民相比，在比较中产生的相对剥夺感可能是阻碍社区矫正对象社会融入的重要影响因素，由此给他们带来价值感、情绪、认知方面持久的消极影响（杨彩云，2022）。虽然人们的刑罚观念在逐渐转变，但是社区矫正对象的社会融入可能需要一个艰难的过程。他们需要重构社会关系网络，重新衡量自己的社会地位，还要应对社会负面评价带来的压力、人际关系的退缩，因此容易在心理上产生主观的相对剥夺感，对其重新回归社会的心理适应有较多影响（Beshai，2017；徐曦、徐胤，2019；Webber，2021）。

2. 歧视知觉作为情绪体验风险因素的中介作用

研究结果发现，相对剥夺感不仅对社区矫正对象心理适应具有直接影响作用，还通过歧视知觉的中介作用对其心理适应产生间接影响。这证实了本研究的假设 H2。相对剥夺感往往包含由社会比较导致的不公平感、愤怒和不满等情感成分（Smith and Pettigrew，2014），可能会削弱个体体验到的来自他人的尊重、支持，甚至感受到的只有他人对自己的轻视和疏离，并将其内化为消极的自我认知，从这些符号中感知到自己是不受欢迎的，是"低人一等"的，使个体在社会比较过程中产生挫折体验，感觉自己所属身份与他人不同而被区别对待。

一般压力理论认为，歧视是特殊群体感受压力的重要来源。当个体感受到周围环境的敌意和拒绝时，产生的消极情绪和体验可能导致个体有更少的主观幸福体验，更高的抑郁和焦虑水平（Davis et al.，2016）和更多的自杀、自伤行为（Delgado et al.，2019）。社会对罪犯的标签化和刻板印象，可能给社区矫正对象带来污名化的风险，使其感到耻辱并体会到一种"无形的惩罚"（Henderson and Taja-Nia，2005），很可能会妨碍他们成功地重返社会。

3. 道德推脱作为认知风险因素的中介作用

道德推脱理论解释了有些人做了不道德行为，却将责任推诿给社会或其他人而自己没有内疚和自责的一类现象（Detert et al.，2008；杨继平、王兴超、高玲，2010）。社区矫正对象作为犯过错误的人，其道德认知系统对其反思违法犯罪原因具有显著的影响（张萌、夏培芳、张宇航，2018）。相对剥夺感包含了不公平感，体现了个体对自己所处情境的不合理比较。因此，有些人为了避免认知失调，可能会通过道德推脱来避免内疚和不安（Bandura，2002）。刘珊等人（2017）的研究证实，道德推脱不利于个体正视自己的行为问题，以及为行为后果承担责任。研究还发现个体产生问题行为与自身的道德推脱水平密切相关，道德推脱水平越高个体越少产生亲社会行为，而且道德推脱能显著预测个体攻击或暴力行为（Paciello et al.，2008）。

社区矫正制度的目的，就是犯罪人可以在社会各方力量的参与和帮助下，改变其道德认知偏差，接受因自身过错需要承担的法律责任，经历由罪犯到公民的转变，顺利重返社会。因此，社区矫正过程中，要预防和干预受矫人员的道德推脱机制。

4. 歧视知觉和道德推脱的链式中介作用

本研究还发现，相对剥夺感不仅可以通过歧视知觉与道德推脱的单独中介作用预测社区矫正对象心理适应水平，而且可以通过二者的链式中介作用预测心理适应水平。相对剥夺感作为个体内部认知和情绪因素，使个体更容易感受到周围人的歧视和偏见，其带来的认知扭曲可能会影响个体在社会环境中工作和生活的评估与决策。

一方面，外界对社区矫正对象的包容度并不高，社会普遍对其存在刻板印象、标签化乃至污名化，导致社区矫正对象容易产生歧视知觉（杨彩云，2022）。歧视知觉会给个体造成持久的慢性压力（范兴华等，2016），可能激活个体的情绪易感性或脆弱性，从而在道德层面对违法犯罪事实放松对自身的道德监控和反思（Koenig et al.，2004），不利于个体改变认知偏差，影响社区矫正对象融入社会的效果。另一方面，道德推脱作为一种影响道德行为表现的内在机制，与个体的行为偏差有着较为密切的联系。社区矫正对象所犯罪行相对偏轻，可能当事人自认为属于行为偏差。因此，即使个体头脑中持有某种正确的道德观念，但是处在具体情境之下，也可能做出错误行为，出现了观念和行为之间的脱节，道德推脱恰恰可以帮助个体减少这种心理和行为脱离给个体带来的内疚感。

五、结　论

本研究在前人研究和实证分析的基础上，系统考察了相对剥夺感对社区矫正对象心理适应的影响以及歧视知觉和道德推脱在其中所起的作用，得出以下结论。

（1）社区矫正对象的相对剥夺感对其心理适应水平具有直接预测作用。

（2）歧视知觉和道德推脱在社区矫正对象相对剥夺感对心理适应影响中存在单独中介作用。

（3）歧视知觉和道德推脱在社区矫正对象相对剥夺感对心理适应影响中存在链式中介作用。

第三节　研究六：社区矫正对象相对剥夺感影响其心理适应的心理保护因素

一、研究目的与假设

虽然社区矫正对象内心有其消极的一面，曾经违法犯罪，损害社会，但是他们依然拥有人性的积极品质和力量，即便是遭遇疾病、抑郁和孤独，社区矫正对象也可以重新树立积极的人生态度，培养积极心理品质，获得幸福生活。

社区矫正本质上是一种非监禁刑事执行活动，对社区矫正对象的社会关系网络、就业、家庭、人际交往、人生规划会产生较大影响。这种影响可能使得社区矫正对象需要长期面对一系列不利于自我发展的危险因素，容易降低他们的自我价值感。但并非所有社区矫正对象都会出现适应不良的情况。个人的积极心理因素是影响社区矫正对象融入社会、发展和维持亲社会行为的重要保护因素。因为即便是身处困境的人，人性中仍然具备健康发展的潜力，愿意追求成功、尊严、健康，更好地融入社会，成为有价值的人。因此，要想对社区矫正对象进行个别化、针对性的心理干预，不仅需要面对其消极心理状况，更要挖掘他们的积极心理品质和外在环境的保护性因素，促进他们从"犯罪人"尽快转变成"守法公民"。比如肖武平（2018）通过文献检索发现，传统"疾病模式"的心理干预并不能达到监狱改造和完善罪犯的根本目标，他提出在罪犯心理危机干预工作中，只有构建积极心理要素，才能更有效地帮助罪犯度过和预防各种心理危机；钟伟芳（2020）的研究证实，积极心理资本和自尊可以减少服刑人员的攻击性；张莉等人（2017）发现积极情绪可以有效降低服刑青少年的消极心理症状，积极情绪也可以通过改善人际关系来提高其心理健康水平。

社区矫正是一种具有人道主义精神的非监禁刑罚方式，将罪犯安置在社区进行改造，让他们可以在正常的社会环境中工作和生活，充分挖掘社会资源和自身资源，达到最终回归社会的目的。这样的刑事处罚方式更加关注矫正人员作为人的权益和潜在积极资源（孙文立，2015），与积极心理学中关于积极情绪、心理弹性、公正世界信念等内容的研究有着很多内在的契合性，恰恰符合了社区矫正对象刑罚社会化研究的需要。

心理弹性是个体能够在逆境中更好地适应环境，避免适应不良的重要保护因素。"弹性"最初是一个物理学名词，后被心理学领域借用，来指代人在遭遇逆境后，仍能发展良好的现象。心理弹性是一种人格特质因素，是个体在经历或者承受高强度的应激变化过程中所显现出的适应良好的综合能力，包括乐观、理性、控制感、效能感、情绪调节等方面（Werner，1995；Connor，Davidson，and Li-Ching，2003）。有研究者认为心理弹性是个体面临压力情境，主动去适应和调整的过程（Caldeira and Timmins，2016）。心理弹性的机制是保护性因素通过与危险因素进行相互作用，发挥积极作用的同时减少或降低危险因素带来的消极影响，最终使个体在情绪、能力和社会交往中保持良好状态（应湘等，2014）。

　　显然，心理弹性作为一种积极的心理机制，是个体健康发展的重要组成部分，是个体对环境的积极适应，对个体成功应对压力并获得良好发展具有重要意义。个体即使身处困境或面对压力，依然可以成功应对或发展良好（王玉花，2010）。梁宝勇等人（2014）认为心理弹性等积极的人格素质因素在心理应激事件和心理健康之间可以起部分中介作用。

　　在社区接受矫正教育和监督管理是一次较大的压力事件，会给每个社区矫正对象带来或多或少的压力，作为罪犯的人身自由限制、就业安置、社会支持减弱、家庭经济收入降低等各种社会资源的损失是其产生相对剥夺感的来源。如果不能端正矫正态度，坚定改造的决心，重新构建自己的社会支持系统，那么可能会使社区矫正对象面临道德、心理、家庭等方面的困境。然而，压力情境下个体的主动性和能动性也可能被激发出来，促使他们痛改前非，在思想和行为上迅速成熟起来，重新整合自己的各种心理资源和环境资源，反而起到了保护性因素的作用，提高心理适应水平。漆瑞（2016）在个案访谈的基础上，提出社区矫正对象面对逆境时心理弹性增长的保护性因素，建议在社区矫正工作时多挖掘个体的积极社会资源；费梅苹、张晓灿等人（2020）也强调了社区矫正对象的心理弹性即复原力对其心理矫正工作的重要性。对犯罪青少年的深入研究发现，在高压环境中，高心理弹性的犯罪青少年在面对压力时能调用个体的保护性因素快速"反弹"，降低了心理病理行为的风险，更好地适应环境（房纯，2017）。基于以上实证研究和理论分析，本研究提出假设如下。

H1：相对剥夺感对社区矫正对象心理适应有显著的负向预测作用。

H2：心理弹性在社区矫正对象相对剥夺感与心理适应之间起中介作用。

公正世界信念，是指人们认为他们受到公平对待，世界对他们而言是公正的，人们得其所应得，所得即应得（Lerner，1965）。公正世界信念对个体的心理健康有积极的影响。只有人们始终相信自己所处的世界是公正、稳定而有序的，自己会受到公正的对待，人们才能够获得对世界的掌控感，愿意关注长期目标，努力将资源投入长期目标，遵守社会规范从而实现所应得的结果（杜建政、祝振兵，2007；Hafer，2000）。依据 Lerner 的理论，公正世界信念使个体相信世界是公正的，付出越多回报越多，这种信念对消极事件具有缓冲作用，有助于个体的亲社会行为。已有研究指出，公正世界信念作为一种保护性因素，能够缓冲个体的消极情绪（Hafer，2000），并且公正世界信念较高的个体表现出更多的积极情绪和适应性行为（Otto and Sehmidt，2007）。

社区矫正对象在矫正期间面临家庭收入减少、社会支持减弱等困境，其原本的心理资源可能不足以支持目前的困境，容易产生自己处于不利地位的主观认知和情绪体验，这种认知可能给个体带来不公平、不满等情绪反应、躯体反应和行为反应（Schmitt，Maes，and Widaman，2010）。而公正世界信念能帮助个体重建公平感，增强生活的勇气，减少负性情绪，帮助个体积极适应环境和社会（漆瑞，2016）。对于处于困境的个体来说，公正世界信念是他们积极应对逆境的心理资本，能够有效促进他们适应环境和自我突破的水平。那么，对于体验过法律公正的社区矫正对象这一特殊群体来说，公正世界信念对他们又有着怎样的影响呢？

研究者发现，公正世界信念有助于服刑人员感受更深刻的负罪体验，对审判公正感体验更强，并且个人公正世界信念可以帮助服刑人员增强信心，减少不良行为（Otto and Dalbert，2005）。国内研究也发现，公正世界信念有助于推动个体对法律公正无私的认可，表现出更多的亲社会倾向（张文新、李静雅、赵景欣，2012）。基于以上实证研究和理论分析，本研究提出假设如下。

H3：公正世界信念在社区矫正对象相对剥夺感与心理适应之间起中介作用。

社区矫正对象相对剥夺感影响心理适应的心理保护因素模型如图5-3所示。

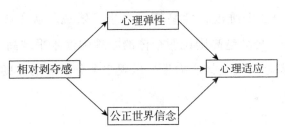

图5-3　社区矫正对象相对剥夺感影响心理适应的心理保护因素模型

二、研究方法

1.研究对象

研究对象同第四章研究二，共有 1339 名社区矫正对象的有效被试参与数据分析。

2.研究工具

采用《自编相对剥夺感量表》《生活满意度量表》《正性负性情绪量表》《自尊量表》《孤独感量表》《公正世界信念量表》《心理弹性量表》

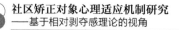
进行问卷数据收集。

《自编相对剥夺感量表》《生活满意度量表》《正性负性情绪量表》《自尊量表》《孤独感量表》在前章节中详细论述，此处不再赘述。

公正世界信念量表。采用苏志强等人（2012）修订的量表（belif in a just world scale, BJW），共有13个项目，分两个维度：一般公正世界信念和个人公正世界信念。该量表已在国内多个研究中得到使用，具有良好的信效度。量表采用6点计分，总分越高则说明公正世界信念水平越高。本次研究中，量表总分和一般公正世界信念和个人公正世界信念两个维度的克朗巴赫系数为0.824～0.837。

心理弹性量表。采用Connor和Davidson教授编制、于肖楠博修订后的中文版量表（conner-davidson resilience scale, CD-RISC），共25个项目，分3个维度，即坚韧、力量、乐观。从"从不"到"总是"5点计分，分数越高则说明个体的心理弹性水平越高。本研究中，心理弹性量表总分及坚韧、力量、乐观3个分量表的克朗巴赫系数为0.821～0.803。

3. 数据处理

使用SPSS 23.0进行数据的录入，各量表数据均为连续型计量资料，均服从正态分布。运用独立样本t检验对相对剥夺感、公正世界信念、心理弹性、心理适应进行描述性分析，运用相关分析探究所有变量之间的相关关系，运用PROCESS插件考察变量之间的内在作用机制。

三、研究结果

1. 共同方法偏差检验

为减少因为自评问卷带来的共同方法偏差，采取Harman单因素检验法进行共同方法偏差检验。结果发现，本研究数据特征值大于1的因子共有 7 个，且第一个因子解释的变异量为 18.45%，小于 40% 的临界标准，说明共同方法偏差不明显。

2. 描述性统计和相关分析

计算所有变量的均值和标准差，同时采用 Pearson 相关分析探讨社区矫正对象相对剥夺感、公正世界信念、心理弹性与心理适应指标三者之间的关系（由于心理适应的描述性统计结果在前面已有介绍，此处不再赘述），结果如表 5-9 所示。

表 5-9　相对剥夺感、歧视知觉、道德推脱与心理适应的相关分析

变　量	$M \pm SD$	主观幸福感	自　尊	孤独感	相对剥夺感	公正世界信念
相对剥夺感	2.69±0.86	−0.55**	−0.38**	0.34**	1	—
公正世界信念	4.71±0.84	0.47**	0.38**	−0.37**	−0.47**	1
心理弹性	3.34±0.67	0.44**	0.34**	−0.30**	−0.38**	0.20**

注：***$p < 0.001$，**$p < 0.01$，*$p < 0.05$。

结果发现相对剥夺感与公正世界信念、心理弹性、心理适应呈显著负相关（r=0.24，0.35，$p < 0.01$）；公正世界信念、心理弹性与心理适应呈显著正相关（r=−0.30，−0.66，$p < 0.01$）。这说明相对剥夺感、公正世界信念、心理弹性与心理适应之间存在着密切联系，有必要深入探明四者之间的关系。

3. 中介效应检验

首先，在变量标准化的情况下，构建以相对剥夺感为自变量，心理适应为因变量，公正世界信念、心理弹性为中介变量的平行中介模型，并将年龄、学历等人口学信息作为控制变量，使用 SPSS PROCESS 插件进行多元层次回归分析。如表 5-10 所示，相对剥夺感可以负向预测心理弹性（β=−0.38，$p < 0.001$）、公正世界信念（β=−0.47，$p < 0.001$）、

心理适应（$\beta=-0.42$，$p < 0.001$）；心理弹性（$\beta=0.43$，$p < 0.001$）、公正世界信念（$\beta=0.45$，$p < 0.001$）可以正向预测心理适应。中介作用示意如图 5-4 所示。

表 5-10　模型中变量关系的回归分析

回归方程		整体拟合指数		回归系数及显著性	
结果变量	预测变量	R^2	F	β	t
心理适应	相对剥夺感	0.26	440.28***	-0.80	-20.98***
心理弹性	相对剥夺感	0.14	213.94***	-0.38	-14.62***
公正世界信念	相对剥夺感	0.22	357.13***	-0.47	-17.13***
心理适应	相对剥夺感 心理弹性 公正世界信念	0.39	269.16***	-0.42 0.43 0.45	-10.18*** 11.44*** 11.61***

注：***$p < 0.001$，**$p < 0.01$，*$p < 0.05$。

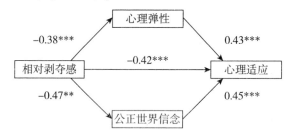

图 5-4　中介作用示意图

其次，通过偏差校正的非参数百分位 Bootstrap 法进行中介效应显著性检验（方杰、张敏强，2012），随机重复取样 5000 个，并计算 95% 的中介效应置信区间，如表 5-11 所示。结果表明，"相对剥夺感 → 心理弹性 → 心理适应（-0.16）"和"相对剥夺感 → 公正世界信念 → 心理适应（-0.21）"两条路径 95% 的置信区间分别均不包含 0，并且在置信区间的范围内有统计学意义。这说明心理弹性和公正世界信念在相对剥夺感和心理适应之间分别起中介作用，中介效应 20.4% 和 26.7%；心理弹性和公正世界信念在相对剥夺感和心理适应之间不存在链式中介作用。

表 5-11　Bootstrap 检验法的结果

中介路径	效应量	Boot CI 上限 Boot CI 下限	占总效应 百分比
相对剥夺感→心理弹性→心理适应	-0.16	-0.21　-0.13	20.4%
相对剥夺感→公正世界信念→心理适应	-0.21	-0.26　-0.17	26.7%

注：$***p < 0.001$，$**p < 0.01$，$*p < 0.05$。

4. 影响社区矫正对象心理适应的心理危险和保护因素的独立预测作用

将社区矫正对象心理适应作为因变量，将相对剥夺感、心理危险因素（歧视知觉和道德推脱）、心理保护因素（心理弹性和公正世界信念）作为预测变量，采用逐步法回归分析，考察心理保护因素和心理危险因素联合预测社区矫正对象心理适应时，心理保护因素是否对预测心理适应具有独立的贡献。

道德推脱、相对剥夺感、心理弹性、公正世界信念和歧视知觉依次进入社区矫正对象心理适应的回归方程，结果表明，歧视知觉、道德推脱、心理弹性和公正世界信念均对社区矫正对象心理适应有独立的预测作用，如表 5-12 所示。

表 5-12　心理危险和保护因素的回归分析结果

预测变量	R^2	ΔR^2	SE	标准系数 β	t
道德推脱	0.428	0.429	0.034	-0.455	$-21.304***$
相对剥夺感	0.517	0.089	0.036	-0.190	$-8.384***$
心理弹性	0.543	0.026	0.032	0.176	$8.531***$
公正世界信念	0.563	0.020	0.034	0.168	$7.718***$
歧视知觉	0.565	0.003	0.031	-0.056	$-2.818**$

注：$***p < 0.001$，$**p < 0.01$，$*p < 0.05$。

四、问题探讨

相对剥夺感是社会比较的结果，但是人们在进行判断比较时，可能会表现出不同的心理反应。通过前期访谈证明，即使面对类似的社区矫正环境，也有部分社区矫正对象表现出较高的心理适应水平，其中个体的内在积极心理品质发挥了重要的作用。

本研究考察了相对剥夺感对社区矫正对象心理适应影响的关系中，心理弹性和公正世界信念这两种心理保护因素在两者之间的中介作用，研究结果对于深入了解保护心理因素对社区矫正对象心理适应的作用机制，激发其积极心理资源，促进社区矫正对象更好地融入社会等具有重要的价值和意义。

结构方程模型分析表明，相对剥夺感对社区矫正对象的心理适应水平具有显著的负向预测作用，即随着相对剥夺感的增加，社区矫正对象的幸福感和自尊水平逐渐降低，孤独感体验逐渐增强。该结果证实了本研究的假设 H1。

1. 心理弹性作为人格保护因素的中介作用

本研究发现，心理弹性在相对剥夺感与社区矫正对象心理适应之间存在中介作用，说明相对剥夺感不仅对社区矫正对象心理适应具有直接影响作用，还通过心理弹性的中介作用对其心理适应产生间接影响。这证实了本研究的假设 H2。

相对剥夺感作为个体对困境的消极感知，可能会对心理弹性产生影响。当相对剥夺感较高时，个体会更容易注意到社会情境中消极、负面的信息，聚焦当前的负性情绪状态，诱发心理资源的下降（Ward and Mann，2000），而心理弹性是个体面对逆境时能够充分利用资源，选择积极的、建设性的应对方法，在逆境中保持健康、正常的心理和行为的能力（李华芳、刘春琴、厉萍，2015；王玉花、孙兵，2018）。高心理弹性个体在面对压力时能够及时调用丰富的心理资源，积极应对压力，因而体验到较少的抑郁情绪（房纯，2017）。

社区矫正对象进入社区接受矫正和监督管理后，面对的都是未知的世界，他们可能会丧失对环境和自己命运的控制感，其原本的心理资源不足以支持目前的困境，无法在面对压力性事件时发挥主动性和创造性，无法采用积极应对策略解决问题，不利于对压力情境的良好适应。心理弹性作为个体应对压力的一种内部心理资源，能够减轻个体知觉到的心理痛苦或压力感，可以帮助个体有机会获取更多资源，解决心理困扰，最终实现个体人生中的重要转折（韩黎、袁纪玮、龙艳，2021）。漆瑞（2016）针对社区矫正对象的研究发现，心理弹性作为一种积极的防御机制，可以提高社区矫正对象在挫折中成长的能力，充分调动个人内部和外部的保护性因素，提供一定的自我保护能力，用来缓解社区矫正对象在压力事件中受到的伤害。心理干预研究也证实，心理弹性训练对个体相对剥夺感具有支持和改善效用。接受弹性心理训练后，相对剥夺感较强个体的心理坚韧、力量和乐观均得到加强（曾红等，2015）

2. 公正世界信念作为认知保护因素的中介作用

本研究发现，公正世界信念在相对剥夺感与社区矫正对象心理适应之间也存在中介作用，说明相对剥夺感不仅对社区矫正对象心理适应具有直接影响，还通过公正世界信念的中介作用对其心理适应产生间接影响。这证实了本研究的假设H3。这一研究发现与前人研究结果是一致的（张灵、吴明证，2017；权思翔、王振宏，2019）。

个体公正世界信念的影响包含了情绪成分和认知成分，从情绪上看，由于不合理的社会比较让个体动摇对世界的公正感认知而产生消极情绪；从认知上看，相对剥夺感会让个体产生大量负性自动思维（Beshai et al.，2017），影响其对自身公平环境的信息加工过程，影响个体对环境的适应和发展。公正动机理论（Justice Motive Theory）指出，公正世界信念通过给人们一种生活有意义、可预测和可控的感觉而提供心理优势。有研究证实高公正世界信念的个体对他们的生活更加满意，具有更高水平的自尊、乐观和希望，并且拥有更多的积极情绪（Lipkus, Dalbert, and Siegler, 1996；Littrell and Beck, 1999）。Correia et al.（2009）的研究也发现，对身处校园暴力困境的个体来说，公正世界信念可以帮助其尽快走出校园暴力的伤害，使其对世界依然充满信心，有积极的生活满意度。

社区矫正对象是经历过司法公正的人，在社区矫正过程中，他们更加关注自己是否受到了公平的对待，对于环境是否公正更为敏感。社区矫正制度让他们在社区接受矫正和监督管理，可以与家人生活在一起，可以工作和交友，会让他们体验到更高的参与感、自我效能感和更低的剥夺感，面对冲突更易产生理性行为，这些都有助于个体公正世界信念的提高。研究发现，服刑人员的公正世界信念越高，他们的悔罪意识越强，改造的决心越强，越容易增加亲社会行为（Otto, 2005）。滕洪昌等人的研究发现，公正世界信念可以预测青少年亲社会行为，并对青少年是否初次犯罪影响显著（滕洪昌等，2018）。张文新等人的研究也发现，公正世界信念的提高有助于加深犯罪青少年对司法公正性认知，使其体验到更多幸福感和自我价值感，缓解服刑人员的压力和消极倾向，使其更加坚定改造信心（张文新、李静雅、赵景欣，2012；张莉、李静雅、赵景欣，2015）。

3.心理危险性因素和心理保护性因素的独立预测作用

本研究还联合考察了心理危险因素和心理保护因素在相对剥夺感和社区矫正对象心理适应影响中的独立预测作用。回归分析的结果显示，与歧视知觉、道德推脱等心理危险因素在社区矫正对象相对剥夺感对心理适应影响中存在中介作用一样，心理弹性和公正世界信念作为心理保护因素对社区矫正对象心理适应影响中也具有相对独立的正向预测作用。这一结果说明，心理保护因素通过中介作用降低相对剥夺感对社区矫正对象心理适应的负面影响，同时也是心理危险因素的缓冲器。

社区矫正对象生活在社区，可以过正常的社会生活，其社会心理与普通居民有相同之处；同时，在身份上，他们又是罪犯，要接受一定的自由限制和人身管束，又有与监狱服刑罪犯相似的心理。在研究中，单独考察危险性心理因素或保护性心理因素如何作用于社区矫正对象的适应过程更易于操作和理解，但社区矫正对象面对来自生活和工作中的压力，往往是危险性心理因素和保护性心理因素并存。因此，研究者要聚焦心理弹性和公正世界信念等心理保护因素的重要性，通过矫正教育和思想教育，培养社区矫正对象的积极人格特征和心理品质。因为心理保护因素可以调节、缓冲、隔离、抵消诸如歧视知觉、道德推脱等心理危险因素带来的不良后果，即使个体处在危机状况下也可以帮助个体更好地应对逆境（金灿灿、邹泓、李晓巍，2011）。

五、结　论

本研究在前人研究和实证分析的基础上，从心理保护因素的角度出发，系统考察了相对剥夺感对社区矫正对象心理适应的影响，以及心理弹性和公正世界信念在其中所起的作用，得出以下结论。

（1）社区矫正对象的相对剥夺感对其心理适应水平具有直接预测作用。

（2）心理弹性的人格特质、公正世界信念的认知模式是社区矫正对象心理适应的保护因素；心理弹性和公正世界信念在社区矫正对象相对剥夺感对心理适应影响中存在双中介作用。

（3）心理危险性因素和心理保护性因素在相对剥夺感和社区矫正对象心理适应影响中存在独立预测作用。

第四节　研究七：相对剥夺感影响社区矫正对象心理适应的追踪研究

一、研究目的与假设

文献回顾和前面的研究结果证实，通过与过去自己的纵向比较和与周围人的横向比较而产生的相对剥夺感会对社区矫正对象心理适应产生明显不利的影响。相对剥夺感会导致个体出现心理异化，降低自我效能感，进而产生情绪障碍，影响身心健康（翁堂梅，2018）。相对剥夺感与个体的心理健康障碍、抑郁情绪、精神病理症状、自杀意念、身体疾病、死亡率都显著相关（Mclaughlin，2012；Zhang and Tao，2013；Lhila and Simon，2010；Eibner，2000），甚至比其他认知因素更能有效地预测情绪障碍（Beshai et al.，2017）。国内研究也证实，相对剥夺感对社区矫正对象的人身危险性存在显著影响（徐暾、徐胤，2019）；相对剥夺感不仅使社区矫正对象丧失现实生活中的很多机会，还使其产生较多负性情绪（Beshai et al.，2017），阻碍其顺利回归主流社会。

根据发展情境理论，个体前期对于特定情境刺激的反应会影响个体后期的进一步发展（Lerner，2007）。随着入矫时间推移，相对剥夺感与心理适应可能存在交互作用，这为相对剥夺感和心理适应的双向关系提供了理论基础，即相对剥夺感可能预测社区矫正对象的心理适应，与此同时社区矫正对象的心理适应也可能反过来预测相对剥夺感。研究也发现心理适应不良的个体会体验到更多的相对剥夺感（韩磊等，2017），熊猛等人（2021）还发现单亲家庭儿童的相对剥夺感与心理适应存在循环作用关系，即前测（T_n）的相对剥夺感会降低后测（T_{n+1}）的心理适应水平，进而影响后测（T_{n+2}）的相对剥夺感。那么，针对社区矫正对象这个特殊群体，相对剥夺感与其心理适应存在什么因果关系呢？以往研究多是横断研究，聚焦于两者的单向影响，仅能说明两者之间的即时效应，还需要通过追踪研究才能明确两者的因果关系，以及相对剥夺感与心理适应关系的长时效应。

研究表明，领悟社会支持是负性应激事件和个体心理健康之间的中介变量（Marchand and Blanc，2011），这提示领悟社会支持作为个体应对逆境的重要心理资源，可能会在相对剥夺感和心理适应之间发挥中介作用。个体领悟社会支持是指个体在社会生活中感受到来自他人的被支持、被理解、被接纳的情绪体验和感受（Sarason et al.，1991）。领悟社会支持并不等同于个体实际得到的现实支持，但是体验到的支持往往比实际的现实支持对个体意义更重要，影响更大。研究发现，相对剥夺感让个体感受到的不满、愤怒、不公平感等认知和情绪体验，可能会削弱个体对来自家庭、社会和朋友等支持的感知（Smith and Pettigrew，2014）。实证研究表明，个体的相对剥夺感越高，领悟社会支持水平越低（韩磊等，2017；张华威、刘洪广，2019）。根据社会支持缓冲器理论，个体感受到来自他人的支持与接纳，可以作为个体应对逆境的持久心理资源。相关研究发现，社会支持和社会心理适应密切相关（申仁洪，2014），高领悟社会支持能降低抑郁、孤独感（Auerbach et al.，2011；田录梅、张文新、陈光辉，2014），提升自我价值感和社会心理适应（Tabbah，Mirand，and Wheaton，2012；Rubin et al.，2004）。研究也发现，来自家庭和社会网络的支持和理解可以促使个体产生道德反思，阻止犯罪行为（Cochran，2014；Mowen and Boman，2019）。由此我们推测，领悟社会支持在相对剥夺感和社区矫正对象心理适应之间可能发挥中介作用，并且这种中介作用存在长时效应。

综上所述，本研究以社区矫正对象为被试，建构交叉滞后模型系统考察相对剥夺感和心理适应之间的纵向联系，并探讨领悟社会支持在相对剥夺感和心理适应中的潜在中介作用，以及该作用是否存在跨时间的稳定性，为提高社区矫正对象的心理和谐水平，帮助其顺利完成从"罪犯"到"社会人"的转变提供实证依据。因此，基于理论和相关实证研究，本研究提出假设如下。

H1：相对剥夺感和心理适应之间存在相互预测关系。

H2：相对剥夺感不仅能直接预测社区矫正对象心理适应，也能通过领悟社会支持的中介作用得以实现。

H3：领悟社会支持在相对剥夺感和心理适应之间的中介作用具有跨时间的稳定性。

二、研究方法

1. 被　　试

本研究采用问卷调查法，在湖北省 X 市若干县区向社区矫正对象发放问卷。第一次测量的时间为 2021 年 10 月，收回问卷 589 份；第二次测量的时间为 2022 年 6 月，收回问卷 576 份，两次匹配的问卷为553 份。在两次测量中，由主试发放问卷，要求被试严格根据测验指导语独立完成。在指导语中向被试说明各量表的填写要求，并承诺对他们的作答绝对保密。主试收回问卷并录入整理，对被试进行唯一编号，保证同一被试两次输入的数据是匹配的。在有效问卷中，被试年龄介于18～67 岁之间，平均年龄为 35.12 岁（$SD=10.54$）。人口学资料如表5-13 所示。

表5-13　有效样本的人口统计学变量构成表

变　量	项　目	人　数	百分比（%）
性别	男	435	78.7
	女	118	21.3
地区	城镇	161	29.1
	农村	392	70.9

续 表

变　量	项　目	人　数	百分比（%）
婚姻	未婚	110	19.9
	已婚	366	66.2
	离婚或丧偶	77	13.9
学历	小学及以下	55	9.9
	初中	277	50.1
	高中或中专	138	24.9
	大专或大学及以上	83	15.1

2. 研究工具

采用《自编相对剥夺感量表》《生活满意度量表》《正性负性情绪量表》《自尊量表》《孤独感量表》《社会支持量表》进行问卷数据收集。

《自编相对剥夺感量表》《生活满意度量表》《正性负性情绪量表》《自尊量表》《孤独感量表》在前章节中详细论述，此处不再赘述。

社会支持量表。采用姜乾金修订的领悟社会支持量表，共 12 个条目，包括家庭支持、朋友支持与他人支持。他人支持的条目根据社区矫正对象的生活实际情况进行了修改，比如"在我遇到问题时，司法所工作人员会出现在我的身旁"。量表采用 7 点计分法，分值越高，表明被试相应维度上（或者整个社会支持上）感知到的社会支持水平越高。本研究前后测中量表的克朗巴赫系数分别为 0.951（T1）和 0.873（T2）。

进一步将心理适应作为潜变量，将主观幸福感、自尊和孤独感作为观测指标，考察整体心理适应测量的结构效度。验证性因素分析结果显示整体心理适应测量的结构效度良好（T1：χ^2/df=4.3，*TLI*=0.98，*CFI*=0.99，*RMSEA*=0.05；T2：χ^2/df=2.8，*TLI*=0.99，*CFI*=0.99，*RMSEA*=0.04）。

3. 数据处理

使用 SPSS 23.0 进行数据的录入，各量表数据均为连续型计量资料，均服从正态分布。使用相关分析社区矫正对象相对剥夺感和心理适应之间的关系；最后使用 Amos 26.0 软件进行交叉滞后分析以及中介分析。

三、研究结果

1. 共同方法偏差检验

为减少因为自评问卷带来的共同方法偏差，采取 Harman 单因素检验法进行共同方法偏差检验。结果发现，本研究数据特征值大于 1 的因子共有 6 个，且第一个因子解释的变异量为 19.65%，小于 40% 的临界标准，说明共同方法偏差不明显。

2. 社区矫正对象相对剥夺感、社会支持与心理适应的相关分析

将两次追踪的相对剥夺感、社会支持与心理适应的得分进行两两之间的相关分析，建立相关矩阵，如表 5-14 所示。结果发现，T1 时间点上相对剥夺感、社会支持与心理适应与 T2 时间点上相应变量之间存在中等程度的相关，说明了各变量的时间发展稳定性（相关系数在 0.50 ~ 0.76）。相关分析表明：在两个时间点内，社区矫正对象相对剥夺感表现出较强的持续性与稳定性，心理适应水平具有一定的稳定性。此外，社区矫正对象的相对剥夺感与心理适应分别呈现出同时性以及继时性的相关。

表 5-14　相对剥夺感、社会支持与心理适应的相关分析

	1	2	3	4	5	6	7	8	9	10
1 相对剥夺感 T1	1	—	—	—	—	—	—	—	—	—
2 主观幸福感 T1	-0.52**	1	—	—	—	—	—	—	—	—

续　表

	1	2	3	4	5	6	7	8	9	10
3 自尊 T1	-0.56**	0.58**	1	—	—	—	—	—	—	—
4 孤独感 T1	0.48**	-0.62**	-0.57**	1	—	—	—	—	—	—
5 社会支持 T1	-0.37**	0.56**	0.49**	-0.45**	1	—	—	—	—	—
6 相对剥夺感 T2	0.51**	-0.43**	-0.45**	0.41**	-0.14	1	—	—	—	—
7 主观幸福感 T2	0.50**	0.41**	0.36**	0.42**	0.43**	-0.61**	1	—	—	—
8 自尊 T2	-0.37**	0.39**	0.46**	0.36**	0.32**	-0.53**	0.54**	1	—	—
9 孤独感 T2	0.43**	-0.38**	-0.37**	0.43**	-0.31**	0.39**	-0.41**	-0.45**	1	—
10 社会支持 T2	-0.25**	0.39**	0.40**	-0.34**	0.76**	-0.36**	0.53**	0.45**	-0.36**	1
M 均值	2.46	4.87	3.16	2.34	4.84	2.45	4.91	3.23	2.24	4.89
SD 标准差	0.42	1.78	0.46	0.48	0.86	0.44	1.81	0.47	0.45	0.87

注：***$p < 0.001$，**$p < 0.01$，*$p < 0.05$。

3. 相对剥夺感与心理适应的交叉滞后分析

采用结构方程模型考察相对剥夺感与心理适应的交叉滞后关系，并将性别作为控制变量纳入模型，结果表明模型拟合良好，如图 5-5 所示。χ^2/df=4.8，*TLI*=0.93，*CFI*=0.98，*RMSEA*=0.07。T1 时间上各变量均能够显著预测 T2 时间上的相应变量，表明各变量随时间变化的稳定性。交叉滞后路径中，在控制了 T1 心理适应后，T1 相对剥夺感能够显著负向预测 T2 心理适应（β=-0.1，$p < 0.05$），但是在控制了 T1 相对剥夺感后，T1 心理适应不能预测 T2 相对剥夺感（β=-0.01，$p > 0.05$）。

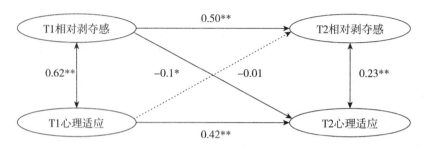

图 5-5　相对剥夺感与心理适应的交叉滞后的交叉滞后模型

4. 纵向中介效应分析

根据温忠麟和叶宝娟（2014）提出的中介效应分析步骤，在检验中介效应前先验证自变量是否显著影响因变量，如表 5-15 所示。先将性别作为协变量，T1 相对剥夺感作为预测变量，T1 心理适应作为结果变量做回归分析，结果发现 T1 相对剥夺感对 T1 心理适应的即时正向预测效应（$\beta=-0.62, p < 0.001$）显著；继续以性别和 T1 心理适应为协变量，T2 心理适应为结果变量，进行分层回归分析，结果表明 T1 相对剥夺感对 T2 心理适应的延时正向预测效应（$\beta=-0.11, p < 0.05$）显著。

表 5-15　相对剥夺感对心理适应的回归分析

预测变量	T1 心理适应		T2 心理适应	
	β	t	β	t
第一层　性别	−0.04	−1.13	−0.02	−0.64
T1 心理适应	—	—	0.46	9.63**
第二层　T1 相对剥夺感	−0.62	−17.78***	−0.11	−2.24*
	$\Delta F=315.76^{***}$	$\Delta R^2=0.38$	$\Delta F=5.03^{*}$	$\Delta R^2=0.007$

注：***$p < 0.001$，**$p < 0.01$，*$p < 0.05$。

为了考察同一时间点上社会支持在相对剥夺感与心理适应之间的中介作用，分别以 T1、T2 相对剥夺感为预测变量，社会支持为中介变量，心理适应为因变量构建中介模型，两个模型均拟合良好（T1：$\chi 2/df=4.9$，$TLI=0.95$，$CFI=0.98$，$RMSEA=0.08$；T2：$\chi^2/df=1.8$，$TLI=$

0.99，*CFI*=0.99，*RMSEA*=0.04）。在即时中介的基础上，进一步考察不同时间点上社会支持的中介作用。进行追踪研究时，得到了前后两次社会支持结果，而在第二次的结果中包含了个体在第一次追踪时已有的社会支持以及在追踪间隔期内存在的社会支持，所以选取第二次的社会支持得分作为中介变量。具体来说，以 T2 心理适应为因变量，T1 相对剥夺感为预测变量，T2 社会支持作为中介变量，构建 T1 相对剥夺感与 T2 心理适应的中介模型。结果表明该模型拟合良好，如图 5-6 所示。χ^2/df=3.9，*TLI*=0.94，*CFI*=0.98，*RMSEA*=0.07。T1 相对剥夺感能显著预测 T2 社会支持和 T2 心理适应（β=-0.25，$p < 0.01$；β=-0.26，$p < 0.01$）。T2 社会支持部分中介 T1 相对剥夺感与 T2 心理适应的关系，中介效应值为 -0.088，中介效应占总效应的比例 27%，95% CI［-0.131，-0.052］。表明社会支持在社区矫正对象相对剥夺感和心理适应之间发挥纵向中介效应。

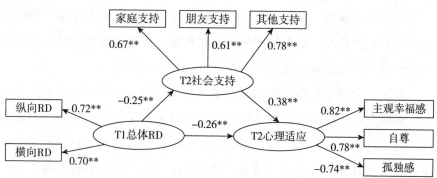

图 5-6　相对剥夺感、社会支持、心理适应的纵向中介模型

四、问题探讨

首先，本研究发现，T1 相对剥夺感显著预测了 T2 社区矫正对象的心理适应，T1 心理适应并不能显著预测 T2 社区矫正对象的相对剥夺感，相对剥夺感与心理适应之间存在着因果关系，且相对剥夺感为因，心理适应为果。研究结果说明在社区接受监管和矫正的服刑人员，感

受到的相对剥夺感越低，越有可能在之后表现出更高的幸福感、自尊水平和更低的孤独感，从而部分验证了本研究假设H1。与以往研究一致，该结果反映出相对剥夺感对个体心理健康发展的持久性影响。相对剥夺感会使个体更多地体验到压力和抑郁等消极情绪，进而导致其自尊、生活满意度和幸福感水平的减低，甚至产生吸烟、酗酒、攻击性行为等诸多社会适应问题（熊猛、叶一舵，2016；Kim et al.，2017；Mishra and Carleton，2015；Kassab et al.，2020）。究其原因，一方面不论是与自己的过去相比，还是与社区居民相比，"服刑人员"和"社区成员"的双重身份可能阻碍社区矫正对象的社会融入，使他们容易体会到自身处于劣势地位而产生相对剥夺感，由此带来价值感、情绪、认知方面持久的消极影响（杨彩云，2022）；另一方面，社会大众对社区矫正对象的认识有待深入，导致社区矫正对象难以真正融入正常的社会网络之中，这样不利于他们某些应有权利的实现，进一步导致更多消极情绪和不良行为的产生（骆群，2010）。Smith et al. 在追踪研究中也发现，即使充分考虑了大二和大三学生早期的焦虑和抑郁，相对剥夺感依然可以预测大学生两年后的心理健康水平（Smith et al.，2020）。

其次，为进一步揭示相对剥夺感与社区矫正对象之间关系的内在机制，本研究对社区矫正对象的领悟社会支持进行了测量，发现相对剥夺感既可以直接预测心理适应水平，也可以通过领悟社会支持间接对社区矫正对象发挥作用，验证了本研究假设H2。这一研究结果支持了社会支持的缓冲效应理论。社区矫正对象原有的社会支持网络本来就比较薄弱，当个体感受到较强的相对剥夺感时，无法体验到更多的理解、关注等积极情绪，可能会削弱其领悟社会支持水平，从而阻碍社区矫正对象充分利用社会资源，打击其回归社会的信心和能力，导致个体累积的不公平感、愤怒等负性情绪无处宣泄，从而进一步引发适应不良。多项研究也证实相对剥夺感能够降低个体的领悟社会支持，进而影响服刑人员的社会心理适应和再社会化（徐进、张永伟、潘志强，2011；郭英、张梦柔，2016）。

社区矫正对象在社区接受监管和矫正，其群体身份存在相对隐蔽性和较大的可变性，无论是社区矫正对象的相对剥夺感还是心理适应，都可能随着时间发生变化。纵向中介检验的结果显示，相对剥夺感不仅能通过领悟社会支持显著预测社区矫正对象当前的心理适应水平，也能显著预测其后期的心理适应水平，这体现了领悟社会支持中介效应的稳定性，验证了本研究假设 H3。领悟社会支持一直被认为是个体在应对逆境过程中最重要、最持久的心理资源（杨娟等，2020；Smith et al.，2020）。有研究发现，即使考虑到个体早期的心理健康状况，那些自评得到较少社会支持的个体在两到三年后，还是报告了更多的心理压力（Fuhrer et al.，1999；Marchand and Blanc，2011；DeBerard and Masters，2014）。入刑对社区矫正对象原有的社会关系网络、就业、家庭、人际交往、人生规划都产生了很大影响，使其更容易体验到主观的相对剥夺感。而社区矫正制度将他们安置在社区改造，他们可以工作、与家人团聚，可以持续地获取社会资源、建构新的社会关系网络，这样有利于他们形成新的与主流社会相适应的、规范的行为系统，有利于他们更快回归主流社会。多项研究均证实，社会支持是服刑人员再社会化的关键因素（Bahr et al.，2010；Pleggenkuhle，Huebner，and Kras，2016），家人（Berg and Huebner，2011）、同伴（Martinez and Abrams，2013）、社工（Bares and Mowen，2020）都是社会支持的重要来源。

本研究运用交叉滞后研究设计，通过两个阶段为期 8 个月的纵向追踪证实了相对剥夺感对社区矫正对象心理适应的因果关系，同时揭示了领悟社会支持在两者之间的即时和纵向中介效应。本研究为社区矫正对象相对剥夺感的预防和干预提供了一些有价值的启发。第一，建设良好的社区矫正环境，加强对矫正对象的监督管理和心理疏导，保障其合法权益和资源，降低矫正对象的相对剥夺感。相对剥夺感是社会比较的结果，要重视入矫后"服刑人员"和"社区居民"双重身份对社区矫正对象带来的消极认知和负面情绪，塑造社区矫正对象的积极心理品质，以对抗逆境的影响；第二，建立强大的社会支持体系，提高社区矫正对象对支持的利用度。社区矫正机构要关注社区矫正对象作为人的权益和潜在积极资源，吸取社会各方有生力量，建立坚实的社会支持网络，提高社区矫正对象对社会资源的利用度，促使其顺利完成从"罪犯"到"社会人"的转变。

当然，本研究仍存在些许不足。首先，本研究未发现相对剥夺感和社区矫正对象的循环作用关系，但这并不意味着，心理适应对相对剥夺感缺乏预测作用，这有待未来采用更多时间点的追踪数据来揭示两者的因果关系。其次，未能进一步区分不同类型的社会支持来源，比如来自家庭、朋友、社工的支持可能存在纵向中介作用的差异性。最后，未考虑相对剥夺感和领悟社会支持对不同人格特质个体的影响，忽略了个体之间的异质性（Collins and Lanza，2010），未来可进一步识别个人特征差异性，得到具有个体意义的统计结果（张洁婷、焦璨、张敏强，2010）。

五、结　论

本研究在前人研究及理论分析的基础上，通过交叉滞后系统考察了相对剥夺感与社区矫正对象心理适应之间的纵向联系，以及领悟社会支持在其中所起的作用，得出如下结论。

（1）相对剥夺感与社区矫正对象的心理适应具备同步稳定的相关性。

（2）交叉滞后分析证实相对剥夺感与社区矫正对象心理适应之间具备因果关联，其中相对剥夺感是社区矫正对象心理适应的原因变量。

（3）相对剥夺感不仅能直接预测社区矫正对象心理适应，也能通过领悟社会支持的中介作用得以实现。

（4）领悟社会支持在相对剥夺感和社区矫正对象心理适应之间的中介效应具有跨时间的稳定性。

第五节　研究八：社区矫正青少年社会支持网络的个案访谈

一、研究目的与假设

社会支持，指在社会生活中，当人们需要依靠时有来自不同群体的关怀、尊重与接纳（Sarason et al.，1991）。拥有良好的社会支持网络，可以帮助个体在遭遇逆境时及时获得解决各类问题的物质资源和情感资源，有效提高个体的社会适应能力，并且对不良环境或伤害有积极的缓冲效果。相反，个体缺乏社会支持则难以进行正常的社会生活，如果遭遇危机很容易陷入巨大的压力之中，甚至造成暴力行为等（陈成文，2000；杨莉，2013）。有研究发现，弱势群体的犯罪行为往往跟社会支持缺乏有关（汪明亮，2010）。

研究发现，社区矫正对象在社区工作生活，因为其自身的特殊身份，会流失部分资源和社会支持，因此社会支持网络的健全对他们的心理适应尤其重要。多项研究发现，社会支持能显著预测服刑人员的改造效果和融入社会的情况（王洋洋，2013；徐进、张永伟、潘志强，2011）。

社区矫正青少年是社会矫正中年龄较小的人群，一般年龄在 25 岁以下，属于特殊群体中的特殊群体。心智方面尚未完全成熟的社区矫正青少年在重新走向社会的过程中更是处于不利地位，社会支持系统对他们来说尤为重要。杨莉（2013）发现，社会支持的匮乏是未成年人产生失范行为的主要原因；李光勇（2012）在对社区矫正青少年社会支持网络的研究中发现，社区矫正青少年的社会支持网络情况堪忧，对其矫正效果有较多的负面影响。

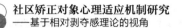
因此，本研究以社区矫正青少年为例，通过半结构访谈，对社区矫正青少年社会支持网络和心理适应的关系进行归纳分析，为改善和提高社区矫正对象的社会支持网络提供理论支持。

二、研究方法

1. 访谈对象

对湖北省 X 市 25 岁以下 142 名社区矫正青少年进行问卷调查，其中男性 112 人，女性 30 人，年龄在 18 ~ 25 岁，平均年龄 22.8 岁。从中随机抽取 19 名社区矫正青少年进行半结构式访谈。

2. 研究工具

采用《基本情况调查表》《生活满意度量表》《正性负性情绪量表》《自尊量表》《孤独感量表》《社会支持量表》进行问卷数据收集。社会支持量表中，他人支持的条目根据社区矫正对象的生活实际情况进行了修改，比如"在我遇到问题时，司法所工作人员会出现在我的身旁。"

访谈提纲具体包括服刑前后生活的变化，与父母、朋友的关系，当前困境，心理适应等内容。报告中引用了部分当事人的原话，为保护个人隐私，均以姓氏拼音首写字母代替。

访谈问题如下。

（1）你对自己目前的工作、生活状况的整体感受如何？你觉得现在跟受矫之前的生活最大的改变是什么？

（2）从进入社区接受矫正教育到现在，你觉得现在与周围环境适应的情况如何？

（3）如果让你对自己做一个评价，你会如何评价现在的自己？

（4）请问你是怎么看待自己跟朋友之间的关系？有没有去结交新朋友？

（5）请问你跟家里人关系如何？有哪些事情对你触动很大？

（6）现在你在社区接受矫正教育，你觉得周围的人对你信任度如何？如果要做个比较，最信任你的人是谁，可能最排斥你的人是谁？

（7）对于社区矫正中心和司法所安排的各项活动，你认为会对你有所帮助吗？你希望他们在哪些方面（再教育、就业、思想困惑）为你解决问题？

（8）在你遇到资金短缺、心情郁闷等一些困难时，你会主动向谁（家人、朋友、司法所、单位领导）寻求帮助？

3. 研究过程

通过司法所政治教育的集中学习机会，将 X 市 142 名社区矫正青少年安排在一起，进行问卷调查。从中随机选择 19 名进行访谈。访谈员由 3 名心理学教授、6 名学生组成。每人访谈的人数为 1 ~ 3 人。访谈均在学校会议室进行，访谈时无其他人员在场。访谈在房间内进行，尽可能排除外来人员的干扰。使用录音笔对访谈全程进行了录音，访谈过程中，访谈员对访谈时受访对象的非言语信息（如流泪、沉默、笑）进行记录。

三、研究结果

1. 问卷调查结果

（1）社区矫正青少年的支持来源主要是家人。社区矫正的目的就是不使犯罪人与社会隔离，充分利用社会各种资源帮助支持社区矫正对象，增加其融入社会的能力。对于"三观"还在逐渐形成的社区矫正青少年来说，更是要调动社会所有资源全方位地关注其成长。而在调查中，社区矫正青少年感知到的支持来源主要是家人。如表 5-16 所示，当社区矫正青少年被问到"遇到经济困难或内心痛苦时，你得到谁的支持最多"

时，以父母为核心的家庭系统支持力度是最大的，其中从父母处感知的支持力度高达 92.65%，来自恋人 / 配偶的支持为 56.94%，来自亲戚的支持为 51.77%，朋友的支持为 33.41%。但是其他社会支持系统的支持有限，最低的是同事的支持 6.90%，其次是邻居的支持 8.71%，政府组织的支持也只有 19.82%。家庭支持在社区矫正青少年的社会支持系统占据较大比重，这样虽然有利于他们回归社会，但是单一的社会支持系统不利于他们的长久矫正效果，并且对于那些家庭支持系统本身就不完善的个体来说，如果连这唯一的安慰都无法得到，无疑是身处窘境，无力自救。

表 5-16　社区矫正青少年领悟到的支持来源比较

支持来源	父　母	恋人 / 配偶	亲　戚	朋　友	政府组织	同　事	邻　居
占　比	92.65%	56.94%	51.77%	33.41%	19.82%	6.90%	8.71%

（2）社区矫正青少年最迫切需要的支持是情感支持。当被问到"此时的你需要的是工具支持（家务劳动、借钱等）、情感支持（理解安慰）还是信息支持（提供工作机会）"时，社区矫正青少年对情感支持的需要达到 70.59%，工具支持占 11.77%，信息支持占 17.65%，情感支持的需要在三种支持中占绝对比重。可见情感支持是未成年社区服刑人员最需要的支持，反映了社区矫正青少年的情感缺失比较严重。这与当事人的家庭背景有很大的关系。犯罪的青少年在成长过程中本身就存在着情感缺失的问题，而犯罪入矫无疑雪上加霜，社区矫正青少年可能再次面临情感缺失的危险，这对于当事人社会支持网络的构建是不利的，也不利于当事人的再社会化。

（3）社区矫正青少年的社会支持影响其心理适应。为了进一步考察社区矫正青少年的社会支持与其心理适应的关系，对社会支持及其各维度与心理适应进行相关分析。如表 5-17 所示，社会支持总分及其各维度均与主观幸福感和自尊呈显著正相关（$r=0.35 \sim 0.41$，$p < 0.01$），与孤独感呈显著负相关（$r=-0.26 \sim 0.41$，$p < 0.01$）。这说明社区矫

正青少年的社会支持状况与他们在社区服刑的良好适应密切相关。

表5-17　社区矫正对象社会支持与心理适应的相关系数

类　别	主观幸福感	自　尊	孤独感
家庭支持	0.38**	0.37**	−0.30**
朋友支持	0.38**	0.36**	−0.27**
社区支持	0.35**	0.35**	−0.26**
领悟社会支持	0.41**	0.40**	−0.31**

注：***$p < 0.001$，**$p < 0.01$，*$p < 0.05$。

为进一步分析社会支持与心理适应的关系，以心理适应综合指标为因变量，家庭支持、朋友支持、社区支持为自变量，进行回归分析，结果如表5-18所示。从表中可以看出，只有家庭支持进入回归方程，家庭支持对社区矫正青少年的整体心理适应有显著的正向预测力，可以有效解释心理适应27%的变异量。

表5-18　社会支持对社区矫正青少年心理适应的回归分析

因变量	类　别	R^2	F	β	t
心理适应	家庭支持	0.27	18.38***	0.24*	2.03
	朋友支持	—	—	0.21	1.86
	社区支持	—	—	0.14	1.20

注：***$p < 0.001$，**$p < 0.01$，*$p < 0.05$。

2. 访谈结果

（1）从同伴支持转向家庭支持。在发生犯罪行为之前，社区矫正青少年往往与同龄伙伴来往紧密。他们将同伴视为参照群体，并根据同伴的反馈来调整自己的行为，同伴是影响青少年心理与行为的重要群体（徐徐，2014）。在犯罪事件中，他们或多或少地受到来自同伴组织的蛊惑和煽动。然而在经历了一段时间的沉淀之后，当前社区矫正青少年对同辈人群的信任感降低，倾向于和大龄人来往。他们认为年龄较大的人社会经验更加丰富，与同辈人群相比更具有包容心，而且更有可能在未来的人生道路上给予自己帮助。

Z：（我）没有朋友……（和父母）联系较少，喝完酒后才会与父母沟通，与姐姐联系较多……自己的事自己处理，实在有困难资金短缺找父母，心情不好找女朋友。（我希望成为一个）有能力，不需要麻烦家人的人……义气不真实，只是一厢情愿而已，家里人更重要。

P：在KTV里有几个年纪大的阿姨和我关系还挺好，她们都鼓励我向前看……我认识的东北人都是三四十岁，我跟他们的关系比我在家乡的朋友好……东北人直来直往，人比较好，有什么说什么，不像本地人摆脸色，（我）更愿意和他们交往。

Y：（我希望结交）可以相互发展，能够帮到自己的（新朋友），最好谈得来的。

社区矫正青少年的情感归属和依托由对外（同伴）转向对内（家庭）。社区矫正青少年正处于人生的特殊阶段，此时父母所提供的情感支持具有不可替代性。家庭在人一生的成长中扮演着经济支持、心灵港湾等多重角色，它总是在关键时刻给人支持。这种以血缘关系为基础的支持是自然和自发给予的，是无任何附加条件的，这让社区矫正青少年觉得有依赖感和可靠感（姬莉平，2008）。社区矫正青少年在经历这次坎坷之后，就像小孩子在摔倒之后渴望回到父母的怀抱，得到父母的安慰一样，他们急需从亲人那里获得支持和能量。他们认识到家庭才是真正可以无条件接纳自己的避风港。

C：对朋友有了新的认识，目前还没有做好准备结交新的朋友……（我会）重新认识父母的好，（遇到任何困难）都只找家人。

P：（和父母关系）很好啊……说话口气（比以前）好一点儿，（现在）说话的时候会带个"您"……以前没那种感觉，认为我爸妈嘛，无所谓。现在他们也老了，感觉爸妈的头发都白了，（因为自己的过错）我也很愧疚，一般都不出去玩……他们对我也好，我要买什么就买什么，原来我要买电脑，买了。我说在床上不方便，就说了一句，然后又买个笔记本……我爸原来总是打牌，我教会他上网之后，有时会在家看电视剧……这种关系很好……他们有需要的时候，我也会给他们钱。

在社区矫正的过程中，他们不自觉地将家人和亲人放在最重要的位置，以谋求更多的情感支持，进而对家庭成员的态度、言行也表现得尤为在意。为此，他们做父母喜欢的事，例如甚少外出，将绝大部分的工资主动上交。一来有偿还弥补之意；二来他们希望能让父母看到自己回头的决心，重拾父母的信任，得到父母关心和支持。然而也存在部分社区矫正青少年和父母关系未有改善，但他们对于家庭温暖和情感关心的渴望从未减少，他们对父爱和母爱的渴望会在对待其他亲人时体现出来。

T：（我）对父母没什么态度，我就一个妈妈，从我出生后就没管过我，就今年偶尔会打电话……长这么大见面不超过三回，在我服刑的时候她去看过我一次，现在她长什么样我都不知道……我每个星期都会主动给外公打电话，（外公）年纪大了，他生日我都记得……（我需要）情感上的帮助吧，我感觉还是太缺爱了。

（2）主动与过去不良社会网络断裂。社区矫正青少年在回归社会、重新调整自己的人际圈后，并没有像同龄其他群体一样积极迅速地展开新一轮的扩展，相反出现严重的社交"退缩"现象。首先，在社交范围上呈现"两点一线"式的特点，即行走在单位和家庭之间。工作之余私生活简单，社会活动单一甚至没有；其次，社交对象趋于同质化且伴有必要性特点，即他们所结交的新朋友大部分是在单位中有工作往来的人，与人交往较之前带有更强的目的性；最后，社交程度不深，处于轻度卷入状态。在与人结交时他们甚少主动谈论、暴露自己深层面的东西，通常仅是传统意义上的"点头之交"。

P：（下班后）直接回家，爸妈饭菜都已经热好了。（我）吃完饭，看会儿电视，陪爸妈聊会儿天，就睡觉……休假的时候，一般我起床后，爸妈都打牌去了，家里没人，我就自己弄点吃的，然后看电视或者到床上玩手机……（爸妈）不让我出去玩了，也感到一种愧疚吧，所以也就不怎么出去玩了，除非别人过生日我才出去，然后我酒精过敏，也不喝酒，就只唱唱歌，然后回来……

在他们看来，脱离以往的交往范围，颠覆以往的交往模式是与过去彻底决断，回到崭新生活中的必要之举，但是有人也愿意和认真悔过的老朋友继续来往。可见在新一轮的生活中，社区矫正青少年都倾向于更简单的交往模式和交往人群，对于结交新朋友十分保守和慎重。

C：（我）对现在的生活比较满意，当时太小，（现在）后悔结交社会上的朋友，以后的朋友绝对不会是社会上的……（现在）以前的老朋友会打电话过来，（我）直接拒绝。

H：平时和同事接触得比较多，到达朋友阶段的就一两个……以后要出去的，不想认识太多朋友。

尽管社区矫正青少年的社交范围锐减，人际关系不如以前那般宽泛，但他们依然有自己的核心朋友，这些核心朋友与当事人多是有多年情谊，并且与本次犯罪经历无关的人。通过访谈发现，这些核心朋友在他们心里占有相当重要的位置，是自己情感的倾听者，也是自己困难时的求助对象之一。

（3）支持利用率较低。社区矫正青少年的心理状态受诸多方面的影响。在认知方面，由于社区矫正青少年心理的不平衡性以及长期形成的习得性无助使得他们很难对自己做出全面而恰当的评价，只是凭借一时的感觉对自己轻易下结论。犯罪经历使他们强化了本能的自卑心理，对自我价值产生怀疑，造成自我认知偏差。在情绪方面，大众群体对于个人行为与社会期许背道而驰，对有过犯罪经历的人群态度往往有所保留，使得社区矫正青少年无法获得良好的社会归属感，进而使他们对既成事实悔恨不已却又无力扭转；对于亲人尤其是至亲的愧疚使他们长期处于自责的低情绪状态之下，使得本身就处于迷茫中的他们不知如何是好；不和谐的家庭关系、低水平的就业等现实问题强化了他们对生活的无力感，这无疑是对社区矫正青少年的心理状况雪上加霜。这些因主观和客观因素的综合作用而产生的孤独感、无力感、挫败感使社区矫正青少年在社会生活中背负着庞大的心理负担。

社区矫正青少年在追求主流群体的谅解时，本能的自卑感很容易转化为过于敏感的自尊心，甚至认为"接受他人帮助便是无能"。这就使得他们不愿意接受已有支持系统的帮助，无论是社区工作人员还是父母、亲人。他们希望只通过本人的努力证明自己价值，尤其介意给与自己没有任何血缘和利益关系的人增加负担，例如社区工作人员。这其实是一种自卑的表现。同时，这也造成了社会支持利用不充分的现象。然而受社会关系网络和心理包袱的限制，这种心态会大大降低社区矫正青少年企图通过个人表现来改变世俗看法、赢得更多积极关注的速度和效果，从而不利于社区矫正的顺利进行。

本研究受访对象之一，Y某，18岁，初中学历，缓刑。因被朋友欺骗帮其盗窃望风而触犯法律。在访谈过程中，Y某一直低着头，不愿提及犯罪事件，最后只答："丑（方言，见不得人的意思）。"从看守所出来以后，认为有人管着感觉很好，但总把自己当作一个和别人不一样的独立个体而存在。接受别人的帮助后会"感觉自己很没用"，即便是有一天自己没钱吃饭了，宁愿选择忍下去也不向任何人求助。犯事之后一年内先后交往了七八个女朋友，均因对方对自己太好，认为自己不配而分手。目前最担心是自己的特殊身份会妨碍找到好工作。

（4）社会支持网络影响心理适应。彭国昌（2017）指出，社区矫正对象因为"犯罪人"的身份，容易被主流社会边缘化，成为弱势群体，常常面临失业、歧视、收入下滑、人际疏离等众多适应问题，社会支持网络直接影响了社区矫正对象的适应和发展。

研究者在访谈中发现，社会支持系统的断层，是对社区矫正青少年又一种心理伤害，妨碍他们社会适应的效果。

Y：小时候他们（父母）总打架，然后就打我。后来他们离婚了，我跟我妈过。她脾气大，心情不好就往死里打我，我就跑。后来我就不怎么回家了。现在犯事了，只能在家待着。我们也不怎么说话……我跟我爸也好几年没见了，这次我出事，我也没看见他。不管怎么说，我妈虽然打我，好歹也管过我。嗯，好像也没有以后了，就这样混吧。反正都有前科了，我都不待见自个儿，别人能待见我吗？只能这样了。

社区矫正对象能否融入社会，取决于是否有一个完善、温暖的社会支持网络系统。社区矫正对象重新社会化需要对原有的社会支持网络进行调整甚至重新洗牌以适应新环境的变化。在这个过程中，社会支持网络的有效性显著影响了社区矫正对象的社会融入和心理适应。这点在几个访谈个案中均得到突出体现。他们感觉在服刑期间，家人给自己的支持是最大的，也是最有效的，是自己很快适应社会的主要动力，来自政府组织的支持有效性有待深入。

C：我对现在的生活比较满意，经历了这些事情后好像一下子也长大了不少。虽然有时候也会后悔，看到一些人的眼神会心烦。但（我）家里人为我做了那么多，我女朋友也没嫌弃，我觉得现在已经适应了新工作、新变化。我现在就一个心思，重新开始，以后对他们更好……嗯，做个对社会有用的人吧。

T：司法所组织的活动我都参加，他们也都蛮好的，不会瞧不起我，还会介绍工作给我。不过，真有什么事，我还是觉得找家里人好些，不想麻烦他们。

四、问题探讨与结论

通过对湖北省 X 市 142 名社区矫正青少年的问卷调查和 19 名社区矫正青少年的访谈，综合分析得出以下结论。

第一，对社区矫正青少年来说，家庭支持使他们获得足够的心理资源，使他们能够勇敢地应对外界负面的信息。无论是在经济方面还是情感方面，家庭对社区矫正青少年提供的支持是最有力、最充分的，能促使他们尽快消除不良心理或心理障碍，更好地融入新环境。显然，家庭是社区矫正青少年社会支持网络中可挖掘的重要资源。焦惟奇（2017）提出了"家庭支持型"社区矫正模式，强调通过发挥家庭支持的纽带作用来增强家庭的控制力，进而消除矫正对象再犯罪的负面因素。因此，社区和政府部门要积极推动家庭参与到社区矫正工作中来（付立华、石文乐，2022）。刑罚只是惩戒，对于社区矫正青少年来说，接受教育，回归正常的成长轨道才是社区矫正的真正目的。

第二，社会支持网络中，情感支持比工具支持、信息支持对社区矫正青少年安全感和归属感的影响更大。相比实际的工具支持，只有被个体主观感受到的支持才有意义和价值，有助于个体更加主动地获取社会资源。另外，个体主动寻求资源的行为可以将社会资源利益最大化，提高个体与社会的良性互动。研究也证实，情感支持和支持利用度对其产生显著促进作用（彭国昌，2017）。显然，社会支持网络的建设可使社区矫正青少年恢复与从前一样的社会生活，为其提供最大限度的精神抚慰和经济保障，可有效阻止个体的犯罪行为。所以，社区与政府部门不仅要提供必要的就业培训、就业机会等工具支持，更要关注和满足社区矫正青少年的情感需求，提升他们主动获取环境资源的动机和能力。

第三，社会支持直接影响社区矫正青少年的心理适应，解释率为27%，这与众多研究一致（徐进、张永伟、潘志强，2011；高梅书，2014）。社区矫正是预防和补救青少年违法犯罪的重要途径，是他们再社会化的过程，也是他们的社会支持网络重塑的过程。显然，社会支持水平高的社区矫正青少年拥有更好的人际关系，体验到更多的理解、关注等积极情感，有这些助于其增强他们社会适应的信心和能力（游锐、王玉龙、李志勇，2019）。社会各方力量要形成合力，共同关注社区矫正青少年的心理健康和心理适应，积极开展适合青少年的特色矫正项目，关注青少年的学业、家庭、交友、技能培训，最终确保社区矫正青少年顺利融入社会（王天瑞，2022）。

第六节　研究九：相对剥夺感对社区矫正对象内隐攻击性影响的实验研究

一、研究目的与假设

前面的研究考察了相对剥夺感对社区矫正对象心理适应机制的影响路径，也通过不同时间点上的追踪研究获得了相对剥夺感和心理适应之间的因果关系，对研究者了解社区矫正对象心理适应机制有重要意义。但是被试的自评陈述可能受到社会期许的影响，不一定能全面真实展现被试的心理发生机制。作为在社区接受监督管理的社区矫正对象，可能会在社会融入过程中封闭自我、逃避现实，隐匿一些真实的心理感受与行为倾向。因此，本研究希望通过考察相对剥夺感对社区矫正对象内隐攻击性的影响，进一步获得对社区矫正对象心理适应的全面认识。

相对剥夺感所唤起的消极情绪和认知很容易引发个体的偏差行为。例如，个体相对剥夺感可能会提高个体的冲动性水平，进而增加网络成瘾风险（丁倩、张永欣、周宗奎，2020）。高相对剥夺感往往也会给个体带来较强的人际敌意，在一定的条件激发下可能引发赌博（Elgar et al.，2018）、拖延（Mishra and Novakowski，2016）等行为，尤其是攻击行为（杨雪、叶宝娟，2018；刘林海等，2022）。Greitemeyer & Sagioglou（2017）通过实验研究发现，感受到相对剥夺感的参与者比其他感受到相对满足的参与者，会产生更多的攻击性情绪和攻击性行为。

攻击性（aggression）是试图伤害他人的倾向和行为（Archer，2009）。根据内隐社会认知理论在攻击性领域的拓展和深入，研究者发现内隐攻击性与外显攻击性存在分离的现象，它们分属两个不同的结构系统（杨治良等，1997；杨军、李宜萍，2014）。内隐攻击性是个体过去经历所形成的内隐认知图式。内隐攻击性与外显攻击性不同，内隐攻击性隐匿在人们的无意识层面，但又自动、无声无息、潜在地影响个体的认知和行为。个体的攻击性行为可能跟个体经历过的挫折有关，挫折会给个体带来不公平、不满的情绪和认知。所以挫折感是产生相对剥夺的来源之一，如果个体失去其应该拥有的或想要拥有的，个体可能会采取攻击行为来满足自身需要（孙时进，2011）。国外研究者发现，在贫富差距较为显著的青少年群体中，处于低社会经济地位的青少年相对剥夺感较高，并呈现出更多的攻击行为（Bernburg，Thorlindsson，and Sigfusdottir，2009）。

社区矫正对象是一个特殊的群体。他们在社区接受非监禁的刑罚执行，无法完全同周围人一样，可能会导致其社会功能退缩，产生挫败、不满等消极情绪，进一步产生攻击性认知和行为，影响社区矫正的效果。但是社区矫正对象的身份是在社区接受监督管理的"罪犯"，他们受收监执行的管理规定，这种攻击性也可能以内隐性和自动化的方式发挥作用。因此，要确定相对剥夺感对社区矫正对象外显攻击性和内隐攻击性的影响特点，关注社区矫正工作的效果和成败。基于以上实证研究和理论分析，本研究提出假设如下。

H1：社区矫正对象的内隐攻击性与外显攻击性显著分离。

H2：高相对剥夺水平的社区矫正对象的外显攻击性显著高于低相对剥夺水平的社区矫正对象。

H3：高相对剥夺水平的社区矫正对象的内隐攻击性显著高于低相对剥夺水平的社区矫正对象。

二、研究方法

1. 实验被试

首先，随机选取湖北省 X 市社区矫正对象 78 人，其中男性 45 人和女性 33 人。

其次，进行相对剥夺感的问卷测量，根据从高往低的顺序将排名前 27% 被试定为高相对剥夺组共 21 人，将排名后 27% 被试定为低相对剥夺组共 21 人。42 名被试年龄在 18～51 岁，平均年龄为 32 岁。独立样本 t 检验表明，高相对剥夺组（3.80±0.41）和低相对剥夺组（1.63±0.34）的被试得分差异显著，$t=7.89$，$p < 0.001$。

最后，让 42 名社区矫正对象完成外显攻击性问卷和 IAT 内隐攻击性实验。被试均为右利手，视力或者矫正后的视力正常。

2. 研究工具

（1）外显问卷测量。相对剥夺感测量。社区矫正对象相对剥夺感问卷在前章节中详细论述，此处不再赘述。

外显攻击性测量。采用 Buss & Mark Perty 编制的攻击性特质量表 BPAQ。BAPQ 量表由 29 个项目组成，包括生理攻击性、言语攻击性、愤怒和敌意 4 个维度。量表采用 5 点计分，从"非常不符合"到"非常符合"。被试得分越高，表明其外显攻击性水平越高。本研究中，量表的克朗巴赫系数为 0.87。

（2）内隐攻击性测验。使用 IAT 范式和 E-prime 2.0 对个体的内隐攻击性进行测量。该程序分为相容实验和不相容实验两个组成部分，每个实验开始前，均有相关的练习来帮助被试熟悉程序。要求被试在计算机上完成整个 IAT 测验。

在实施测验时，屏幕上方的左右两边分别会出现类别字符，在屏幕中间会出现刺激词。被试看到屏幕中央的刺激词需要通过按键快速准确地进行分类。被试的编号、反应类型、反应时、测验时间及正误会由程序自动记录。在本研究中，IAT 测试材料包括概念词和属性词，概念词包括 5 个自我词和 5 个非自我词。其中自我词分别是本人、我们、我的、咱的、俺；非自我词分别是他的、他们、他人、别人、外人。属性词包括攻击性和非攻击性词，攻击性词分别是斗殴、揍人、抢夺、袭击、打架；非攻击性词汇分别是温和、合作、友爱、信任、和平。

实验程序共分为 7 个步骤，如表 5-19 所示。

表 5-19　IAT 实验流程

阶　段	刺激数	功　能	F　键	J　键
1	20	练习	攻击词	非攻击词
2	20	练习	自我词	非自我词
3	40	联合练习一	攻击词或自我词	非攻击词或非自我词
4	40	相容任务	攻击词或自我词	非攻击词或非自我词
5	20	练习	非自我词	自我词
6	40	联合练习二	攻击词或非自我词	非攻击词或自我词
7	40	不相容任务	攻击词或非自我词	非攻击词或自我词

第一步为练习部分，要求被试把电脑屏幕上出现的词汇与按键结合起来，对攻击性和非攻击性的词语进行归类，当出现"攻击性"词汇时按"F"键，出现"非攻击性"词汇时按"J"键；如果按键正确会出现绿色"√"，如果按键错误会出现红色"×"的错误提示。

第二步也是练习部分，要求被试对电脑屏幕上出现的自我词汇和非自我词汇进行归类，当出现"自我"词汇时按"F"键，出现"非自我"词汇时按"J"键。如果按键正确会出现绿色"√"，如果按键错误会出现红色"×"的错误提示。

第三步是联合练习部分，即把概念词和属性词进行联合归类，要求被试把电脑屏幕上出现的攻击性或自我词汇归为一类均按"F"键，出现非攻击性和非自我词汇归为一类均按"J"键。如果按键正确会出现绿色"√"，如果按键错误会出现红色"×"的错误提示。

第四步为相容任务的正式实验部分，内容与第三步一样，出现攻击性或自我词汇均按"F"键，出现非攻击性和非自我词汇均按"J"键，但是此时不再出现按键正确或错误提示。

第五步是练习部分，按键与第二步的程序相反。当电脑屏幕上出现"非自我"词汇按"F"键，出现"自我"词汇按"J"键，每次按键后电脑会提示正确与否；如果按键正确会出现绿色"√"，如果按键错误会出现红色"×"的错误提示。

第六步也是练习部分，按键与第三步的程序相反，当电脑屏幕上出现"攻击性"和"非自我词汇"时均按"F"键，出现"非攻击性"和"自我词汇"归为一类均按"J"键；如果按键正确会出现绿色"√"，如果按键错误会出现红色"×"的错误提示。

第七步为不相容任务的正式实验部分，重复第六步试验程序，出现"攻击性"和"非自我词汇"时均按"F"键，出现"非攻击性"和"自我词汇"均按"J"键，但是此时不再出现按键正确或错误提示。

IAT内隐测试对被试按键的精准性要求比较高，因此正式实验部分前都会先进行练习，以防止被试的不熟练干扰正式实验的准确性和反应时。因此，本研究中第一步、第二步、第三步、第五步、第六步均为练习部分，每次被试按键后电脑屏幕上都会出现相应反馈。第四步和第七步为正式实验部分，不再出现相应提示，被试成绩会作为最后数据进行统计分析。

3. 实验过程

本研究在安静的会议室进行问卷测试和内隐测试，全部测试都在电脑上进行。为了平衡顺序效应，采取 AB-BA 的方法随机选择一半被试先完成 IAT 内隐联想测验，然后在电脑上接着完成外显问卷调查；随机选择另一半先完成问卷调查，然后再完成 IAT 内隐联想测验。

在进行 IAT 实验时，让被试坐在电脑前注视电脑屏幕，左、右手食指分别放在键盘上的 F、J 键上，按照屏幕上的指导语完成测验。IAT 实验中被试对呈现在计算机屏幕中央的刺激词进行归类，在练习部分被试每做出反应均给予正确或错误的反馈，在实验部分不给予反馈。在每一阶段开始前，屏幕中央会出现指导语，被试若能理解指导语则按指导语进行操作，若不能理解，则由实验指导者向被试解释直至理解。在被试填写调查问卷时，指导者不主动进行任何发言。被试填写完心理状况调查问卷后当场收回。

4. 数据处理

在处理内隐攻击性测验的结果时，首先剔除错误率大于 20% 被试的数据，保留第四步与第七步的数据；由于每一项的前 2 个数据往往是极端值，因此把正式测试中的前 2 次数据剔除；把小于 300 ms 的反应时记作 300 ms，大于 3000 ms 的反应时记作 3000 ms；因为 IAT 所得数据为正偏态，所以需要把数据进行对数转换；内隐联想测验效应记为不相容任务的平均数减去相容任务平均数。使用 SPSS 23.0 对所有数据进行分析处理。

三、研究结果

1. 社区矫正对象内隐攻击性与外显攻击性的关系

首先，将社区矫正对象完成相容任务和不相容任务的平均反应时进行配对样本 t 检验。如表 5-20 所示，相比不相容任务，社区矫正对象完成相容任务所用的平均反应时更短。显然，社区矫正对象整体倾向于将自我与攻击性词联结在一起，将非我与非攻击性词联结在一起，存在内隐攻击性效应。

表5-20 社区矫正对象相容任务与不相容任务的反应时比较

	不相容任务	相容任务	t
社区矫正对象	3.01±0.08	2.97±0.09	2.11*

注：***$p < 0.001$，**$p < 0.01$，*$p < 0.05$。

其次,对社区矫正对象的外显攻击性、内隐攻击性 IAT 效应进行相关分析。结果发现,社区矫正对象的外显攻击性和内隐攻击性相关不显著,t=0.016,$p > 0.05$。这说明社区矫正对象的内隐攻击性与外显攻击性处于分离状况,分属不同的、相对独立的结构,该结果验证了 H1 假设。

2. 不同水平相对剥夺感被试的外显攻击性和内隐攻击性

为了考察相对剥夺感对社区矫正对象外显攻击性和内隐攻击性的影响,首先对不同水平相对剥夺感下被试的外显攻击性进行 t 检验分析。结果显示,不同水平相对剥夺感被试的外显攻击性不存在显著差异(t=1.52,$p > 0.05$),如表 5-21 所示,假设 H2 没有得到证实。

表 5-21   不同程度相对剥夺感被试的外显攻击性差异

	外显攻击性	t
高相对剥夺感组	63.21±13.87	1.52
低相对剥夺感组	53.67±12.58	—

注:$***p < 0.001$,$**p < 0.01$,$*p < 0.05$。

其次,采用配对 t 检验对不同水平相对剥夺感被试的内隐攻击性进行了差异性检验。如表 5-22 所示,相对于"自我和非攻击性"的不相容联合任务,高水平相对剥夺感被试在"自我和攻击性"相容联合任务中反应时更短,内隐攻击性显著(t=2.35,$p < 0.05$),而低水平相对剥夺感被试内隐攻击性不显著(t=0.39,$p > 0.05$),假设 H3 得到证实。

表 5-22   不同程度相对剥夺感被试的内隐攻击性差异

	不相容任务	相容任务	t
高相对剥夺感组	2.95±0.07	2.91±0.08	2.35*
低相对剥夺感组	2.98±0.08	2.97±0.06	0.39

注:$***p < 0.001$,$**p < 0.01$,$*p < 0.05$。

四、问题探讨

本研究在前面问卷调查的基础上，采用 Greenwald 等（1998）提出的经典 IAT 程序对社区矫正对象的内隐攻击性进行实验，主要是想解决两个问题：一是社区矫正对象的内隐攻击性与外显攻击性的关系；二是相对剥夺感对社区矫正对象的外显攻击性和内隐攻击性是否存在影响差异。

研究发现，社区矫正对象群体中外显攻击性和内隐攻击性相关不显著，两者属于独立的、分离的两种不同结构。这个结果证实了假设H1，也与以前的研究结果类似（杨治良等，1996；庄乾等，2015；刘林海等，2022）。杨治良和高烨（1998）通过内隐认知的实验研究，认为内隐认知心理与外显认知就像钢筋水泥一样是共生关系，但又分属不同的、相对独立的结构。其理论基础来自经典的双重态度模型（dual attitude model, DAM）（Wilson, Lindsey, and Schooler, 2000）。根据该理论的解释，外显认知是能被个体意识到的认知，个体可以有效地监控它，但需要占据更多认知资源；内隐认知存在于无意识中，个体并不能有效地控制它。内隐攻击性在个体的社会认知上是以个体自己无法意识的、自动化的方式来发挥着作用的（叶茂林、彭运石，2004）。

本研究还发现，高、低相对剥夺水平社区矫正对象的外显攻击性没有显著差异，假设 H2 没有得到证实。这说明对社区矫正对象而言，高相对剥夺感并不会导致高的外显攻击性，如身体攻击性、言语攻击性、愤怒和敌意。以前诸多研究都证实，伴随个体相对剥夺感的增强，他们会产生强烈的失落感、心理失衡、心理预期值错位等类似心理挫折，从而引发攻击性认知甚至会直接带来个体的攻击性行为（高峰强等，2017；Greitemeyer and Sagioglou, 2019）。本研究与以往研究结论不一致，究其原因可能是社区矫正对象本身的状态就存在一种特殊性。首先，社区矫正对象带着"犯罪人"的身份，在原有的社会生活工作，个人行为处于政府和社区矫正机构严格监管之下，如果个体出现违反法律法规或者监督管理规定的行为，根据情节轻重可能被收监执行。其次，社区矫正对象一般犯罪主观恶性较小，犯罪行为不严重，回到原来熟悉的生活环境里接受刑事执行，各种情感需求能得到及时满足，因而可以有效抑制其攻击性行为。最后，社区矫正对象曾经因为使用越轨的、暴力的、攻击性的方法解决问题而正在受法律惩罚，这在某种程度上能促使个体意识到社会规范的重要性，使其主动调整人际交往圈和应对方式，避免产生攻击性行为。

研究进一步发现，社区矫正对象在内隐攻击性上呈现显著差异，即高水平相对剥夺下社区矫正对象内隐攻击性显著，而低水平相对剥夺下社区矫正对象内隐攻击性不显著，假设 H3 得到证实。Chen、杨治良（1996）认为人类攻击性具有更强的内隐性，人类在有意识状态下的外显攻击性或在无意识状态下的内隐攻击性是存在显著差异的。内隐是相对于外显而产生的，外在攻击性行为的抑制可以由个体有意识地进行调控，但是内隐攻击性具有无意识性、间接性、压抑性和自动化的特征（刘玉新、张建卫，2000）。个体在意识层面控制的外显社会认知中，攻击性没有充分表现，可能只是由于攻击性被道德要求和法律规则所掩饰或缓冲。诸多研究证实，服刑人员存在内隐攻击性（云祥等，2009；谭立，2020）。虽然相对剥夺感可以引发攻击性行为，但是对于社区矫正对象来说，一直处于政府的监管和教育帮扶之下，可能在一定程度上将攻击性行为进行了有意识调控和抑制。同时，本研究中社区矫正对象在外显攻击性问卷调查中，可能受社会期许压力而隐匿了真实想法。但是在内隐社会认知条件下，意识的监控被削弱，他们的攻击性才得以表露。因此，人们要重视社区矫正对象入矫期间可能遭遇的就业歧视、社会支持不足、经济收入降低等各种社会资源的损失，积极提供物质和精神方面的帮扶，实现社区矫正工作的宗旨"将社区矫正对象改造成为守法公民"。

五、结　论

本研究在前人研究和 IAT 内隐实验分析的基础上，考察了社区矫正对象的内隐攻击性与外显攻击性的关系，以及相对剥夺感对社区矫正对象的外显攻击性和内隐攻击性的差异性影响，主要得出以下结论。

（1）社区矫正对象群体中外显攻击性和内隐攻击性相关不显著，两者属于独立的、分离的两种不同结构。

（2）高、低相对剥夺水平下社区矫正对象的外显攻击性没有显著差异。

（3）高相对剥夺水平社区矫正对象的内隐攻击性显著高于低相对剥夺水平的社区矫正对象。

第六章　社区矫正对象心理适应机制的综合讨论

第一节　关于社区矫正对象相对剥夺感的结构和特点

相对剥夺感是任何一个社会形态都必然存在的心理状态，它是人们一种带有否定性质的主观感受，是向上比较的结果（Smith et al., 2011），其本质是人们将自身所得与参照群体或个体比较时感知到自身处于不利地位，进而体验到愤怒和不满等负性情绪的一种主观认知和情绪体验。相对剥夺感与个体的心理健康密切相关，因此得到较多的关注与研究。

国外关于相对剥夺感的研究主要集中在两个领域，一个是关注弱势群体与优势群体的直接比较。比如，加拿大以法语为母语者与以英语为母语者的比较（Bougie et al., 2011）；另一个是关注社会地位和经济收入相对落后的普通群体与一般群体的相对比较，比如工薪阶层、青年学生、单亲母亲、老人等（Olson et al., 1995；Birt and Dion, 1987；Abrams and Grant, 2012）。国内近几年也开始关注相对剥夺感在普通人群中的研究（马皑，2012），对特殊人群的关注略显不足。熊猛对特殊儿童（留守儿童、流动儿童、单亲家庭等）相对剥夺感的研究比较深入，成为一个研究亮点。

社区矫正对象是一个比较特殊的、不被民众广泛知晓的群体。他们具有双重身份，虽然表面上跟正常人一样在社区生活、工作，但其本质是"罪犯"。因此，很容易陷入与自己过去的纵向比较以及与社区居民的横向比较，从而产生相对剥夺感。那么，社区矫正对象相对剥夺感的总体水平和发展特点如何？相对剥夺感对社区矫正对象心理适应的影响机制如何？其中包含哪些心理危险因素和心理保护因素？为了解决这些问题，研究者首先采用规范的量表研制程序编制了一份适用于我国社区矫正对象的相对剥夺感量表，结果发现社区矫正对象的相对剥夺感具有双因素结构，即横向相对剥夺感与纵向相对剥夺感（横向RD—纵向RD），自编量表具有良好的信效度。然后采用自编量表对社区矫正对象群体进行大规模广泛施测，结果发现社区矫正对象的相对剥夺感总体处于中等水平，且相对剥夺感水平呈现出随着入矫时间的延长而逐渐降低的趋势。以上两个子研究基本回答了本研究拟解决的第一个问题。

目前国内外对相对剥夺感的结构维度存在较多争议，有的学者从认知—情感RD的角度展开研究（Vanneman and Pettigrew，1972；Schmitt，Maes，and Widaman，2010），有的学者从个体—群体RD的角度展开研究（Runciman，1966），有的仅仅考察了RD的认知成分或情感成分（Zoogah，2010；Zagefka et al.，2013），也有的考虑横向—纵向RD研究（王宁，2007；Sablonnière et al.，2009）。究其原因，一方面是对相对剥夺感的结构和内容本身的测量，另一方面也是源于不同特殊群体相对剥夺感的体现方式侧重点不同。目前国内外大多从横向比较角度研究相对剥夺感，但是通过与自己的过去或未来进行比较而产生的纵向相对剥夺感也是重要研究内容。李俊（2004）认为，纵向比较也是相对剥夺感的重要来源。因为价值期许是形成相对剥夺感的一个重要条件，个体往往希望现在的生活状况应该比过去的状况好，而不是正好相反，否则个体就会感到相对剥夺。对于一般工作群体来说，可能横向相对剥夺较为显著，而对于老年人以及人生进程遭遇断裂和重组的人来说，可能纵向相对剥夺感更为强烈。犯罪入矫对普通人来说属于比较严重的负性事件，是个体人生发展进程的断裂，给社区矫正对象重新获取社会资源和再社会化带来限制和局限，可能使其陷入对自己过去的纵向比较和与周围同龄人横向比较的巨大冲突中，在一定程度上遮掩了其他相对剥夺感的结构。

本研究发现社区矫正对象的相对剥夺感总体处于中等水平。这说明，社区矫正对象的相对剥夺体验并没有想象中明显。这也体现出社区矫正制度的重要意义。一方面社区矫正制度将不需要继续监禁、不适宜监禁的人安置在社区进行改造，使其可以不脱离熟悉的社会环境，可以继续工作交友，同时可以重新学习获得知识，提高生存能力，因而社区矫正对象体验到的相对剥夺感并没有那么强烈。另一方面，社区矫正对象的身份存在较大的可变性和相对隐蔽性，也不影响正常生活和工作。他们只要通过自身的努力和积极适应，几年后就可以刑满解矫，改变自己的身份。这种在暂时性、变化性的成员身份，使得他们对本群体不利地位的感知并没有那么强烈。

第二节　关于社区矫正对象相对剥夺感的影响因素

所谓"人在情境中"，个体因素和环境因素都会对社区矫正对象的相对剥夺感产生影响。针对普通人群的大量实证研究表明，影响相对剥夺感发展的因素众多，如人口统计学方面的性别、年龄、婚姻状况、受教育程度，个体因素方面的人格特质、控制感、归因方式、主观社会经济地位，环境因素方面的收入水平、社会支持、客观社会经济地位，等等。那么，对于社区矫正对象这一特殊群体而言，影响其相对剥夺感的关键个体因素和环境因素有哪些？这些因素的作用是否存在差异？为了回答这一问题，研究者在文献回顾的基础上，采用层次回归分析考察了主观社会经济地位、控制感等个体因素，以及社会排斥、客观社会经济地位等环境因素对其相对剥夺感的影响及其作用差异。结果发现，在控制了人口统计学变量之后，社区矫正对象的客观社会经济地位、主观社会经济地位、控制感对其相对剥夺感具有显著的负向预测作用，社会排斥对其相对剥夺感具有显著的正向预测作用。个体因素对社区矫正对象相对剥夺感的预测效应整体上要大于环境因素，在个体因素中以主观社会经济地位的预测效应较大，在环境因素中以社会排斥的预测效应较大。

　　社会生态系统理论是研究人类行为与社会环境紧密联系、交互作用的理论。该理论把人们放置于一个系统中，从系统的角度分析个体的行为特点。查尔斯·扎斯特罗和阿什曼（2006）将人类所处的社会生态系统划分为三种：微观系统、中观系统以及宏观系统。人的心理与行为无时无刻不受到社会生态系统的影响，同时人也通过自身的主观能动性影响周围的系统。根据该理论，影响社区矫正对象相对剥夺感的环境因素主要存在于微观系统、中观系统和宏观系统中。从微观系统来看，社区矫正对象的性别、受教育程度、婚姻状况、控制感、主观社会经济地位对其影响较大。社区矫正对象违法犯罪，即使在社区接受矫正教育，依然是"罪犯"身份，这使其自我认知也是消极和负面的，他们总感受到自身处于较低的社会地位，无法掌控自己的生活（杨玲等，2016；张扬，2016；杨彩云，2022）。从中观系统来看，客观社会经济地位是一个客观的综合指标，代表了个体在社会经济生活中的位置，通常以个体的职业、家庭收入来衡量（钟景讯、黄斌，2012）。社区矫正对象往往面临社会关系网络断裂和重组的问题，其择业范围和择业质量也存在不尽如人意之处（骆群，2008；沈海英，2011；魏然，2012；杨彩云，2014），给社区矫正对象带来价值感、情绪、认知的消极影响（Grant，2008）。从宏观系统来看，社区矫正本质上是一种非监禁刑事执行活动，特殊的身份不仅使社区矫正对象容易遭受来自公众的社会歧视和社会排斥，还容易使他们丧失改造自己的信心和勇气，并面临重新回归主流社会的多重压力（杨彩云，2022）。总而言之，社区矫正对象犯罪入矫对他们的社会信用造成影响，给他们寻找新工作带来限制和局限，确实给他们的社会适应造成困扰，但是社区矫正制度更加关注矫正对象作为人的权益和潜在积极资源（孙文立，2015），人格因素和心理品质能更有效地帮助个体度过和预防各种心理危机（肖武平，2018；张丽，2017；陈礼松、汪承诺、陶杰，2020）。因而个体因素（如主观社会经济地位和控制感水平）对社区矫正对象相对剥夺感的影响效应整体上要大于环境因素。这也提示人们，在社区矫正对象相对剥夺感的预防和干预实践中，来自社会生态各系统的支持固然重要，但对个体人格因素的关注和积极心理品质的培养更为关键。

第三节　关于相对剥夺感对社区矫正对象心理适应的影响机制

作为进入社区矫正的社区矫正对象，其情绪、信念系统、人际关系本来就与主流社会存在隔阂和疏离。受矫期间，他们需要改变原有的行为认知偏差，重新建立起一套新的价值观、文化规范和行为模式，以便再次被社会及公众接纳。显而易见，社区矫正对象面临着严峻的重新适应的挑战。那么，如何促进社区矫正对象更好地适应和融入主流逐渐成为学界关注的重要课题。近年来，在影响社区矫正对象心理社会适应的众多风险因素中，相对剥夺感备受关注（Smith and Huo，2014；Xiong and Ye，2016；孙灯勇、郭永玉，2016）。那么，社区矫正对象心理适应的现状如何？相对剥夺感对社区矫正对象心理适应的影响效应如何？其内在作用机制是什么？本书通过四个研究来回答这些问题。一是考察了社区矫正对象心理适应的发展特点与现状。二是考察了在相对剥夺感对社区矫正对象心理适应影响的关系中，心理危险因素（歧视知觉和道德推脱）在两者之间的中介作用。结果发现相对剥夺感不仅对社区矫正对象的心理适应具有直接预测作用，还通过歧视知觉和道德推脱的单独中介作用和链式中介作用间接影响社区矫正对象的心理适应水平。三是考察了在相对剥夺感对社区矫正对象心理适应影响的关系中，心理保护因素（心理弹性和公正世界信念）在两者之间的中介作用。结果发现，相对剥夺感对社区矫正对象的心理适应具有直接预测作用，并且心理弹性和公正世界信念在社区矫正对象相对剥夺感对心理适应影响中存在双中介作用。同时，心理危险性因素和心理保护性因素在相对剥夺感和社区矫正对象心理适应影响中存在独立预测作用。四可以分为两部分，第一部分通过交叉滞后系统考察了相对剥夺感与社区矫正对象心理适应之间的纵向联系。结果发现，相对剥夺感与社区矫正对象心理适应之间具备因果关联，其中相对剥夺感是社区矫正对象心理适应的原因变量。相对剥夺感不仅能直接预测社区矫正对象心理适应，还能通过领悟社会支持的中介作用得以实现，并且具有跨时间的稳定性。第二部分，在社区矫正青少年的访谈研究中，进一步细化了不同社会支持对社区矫正对象心理适应的影响差异，其中家庭支持和情感支持彰显了重要性。

本研究结果发现社区矫正对象的心理适应状况整体处于中等水平，说明社区矫正对象在回归社会过程中的总体发展态势比较良好。这可以用积极心理学的相关理论来解释。积极心理学并不是否认个体消极心理的存在，而是基于人性乐观积极的角度，探索人的潜力、培养人的积极品质、创造良好的社会环境，并最终促进个人、家庭与社会的良性发展。社区矫正是一种具有人道主义精神的非监禁刑罚方式，将罪犯安置在社区进行改造，他们可以与家人朋友团聚，可以重新获取社会资源，以此达到最终回归社会的目的。这样的刑罚处罚方式更加关注矫正人员作为人的权益和潜在积极资源（孙文立，2015），与积极心理学关于积极情绪、美德与品格优势、心理弹性与适应等内容的研究有着很多内在的契合性，符合社区矫正对象刑罚社会化研究的需要。有研究者直接采用积极心理治疗方法干预服刑人员的教育效果，钱利、吴吉惠（2017）发现对社区矫正对象使用积极心理治疗技术，可以培养其乐观、勇气、自尊等人格特征，加快其适应社会的速度；徐西良等人（2020）发现积极心理团体辅导对抑郁倾向服刑人员的抑郁状况有一定程度的改善，可以提高其希望水平和总体幸福感。

研究发现，相对剥夺感会对社区矫正对象的心理适应产生显著的不利影响，社区矫正对象的相对剥夺体验越强烈，其心理适应水平越低。根据社会比较理论，个体常常通过与他人和自己的相对比较来评价自身的社会地位和社会价值，从而产生不同的情绪和满意度。社区矫正对象的人生进程因为犯罪入刑而中断和重新链接，虽然没有在监狱服刑，但是在原社区接受矫正教育，无论是跟自己过去比较还是跟周围同龄人比较，社区矫正对象都容易体会到自身失去了很多权益和社会资源，感受到自身处于较低地位，从而产生相对剥夺感（徐曦、徐胤，2019）。这种相对剥夺感不仅使他们丧失现实生活中的很多机会，还会对其心理适应带来损害，阻碍其顺利回归主流社会（Beshai et al. 2017）。

本研究在考察相对剥夺感对社区矫正对象心理适应直接影响的基础上，进一步探讨存在哪些危险性和保护性因素在其中起到中介作用和独立预测作用。研究发现，相对剥夺感对社区矫正对象心理适应的影响路径受多种因素的共同影响，其中既包括歧视知觉、道德推脱等危险性心理因素，也包括心理弹性、公正世界信念等保护性心理因素。危险性心理因素是使个体受到伤害而出现不良结果的心理因素。危险性心理因素是社区矫正对象回归社会影响因素中的有害因素。保护性心理因素不仅可以直接帮助个体积极面对不利环境或危机状态，并且可以调整、隔绝、抵消危险性因素带来的不良后果。由此可见，保护性心理因素不仅能减少相对剥夺感负面影响的作用，同时还是心理危险因素的缓冲器。研究和确认了危险性和保护性心理因素，才能真正了解社区矫正对象主动应对压力和逆境的心理作用机制，才能有助于提高研究者开展社区心理矫正工作的针对性和有效性。

横断研究证实，相对剥夺感对社区矫正对象心理适应存在直接影响，但是这个关系还需要放在纵向时间里进行检验。研究进一步发现，相对剥夺感与社区矫正对象心理适应之间存在纵向联系，相对剥夺感是导致其心理适应不良的风险因素，同时领悟社会支持在其中发挥了纵向中介效应，体现了跨时间的稳定性。我国实行社区矫正工作的宗旨是"将社区矫正对象改造成为守法公民"，要实现这一宗旨就需要借助家庭、社区、政府等社会各方力量，采取监督管理、心理疏导、教育帮扶等方法，改变社区矫正对象的犯罪心理、认知偏差和不良行为，恢复已经发生偏离、断裂、失衡的社会生活，重新回归正常社会生活（杨彩云，2018）。这也提示对于社区矫正对象心理发展的研究，不仅应该密切关注他们经历了司法公正后的情绪体验和认知变化，引导他们进行合理的社会比较；还要对社区矫正对象的心理状况和社会支持网络进行精准评估，以实现精准矫正的目的。通过矫正教育促使社区矫正对象通过差距激励自己、战胜自己，积极获取潜在的社会资源，以此更好地适应环境的变化，达到内心与环境的平衡，从而提升社区矫正对象的心理适应水平。这个结果也进一步证实了在社区矫正制度执行过程中各方社会支持力量的重要性，强大的社会纽带增加了社区矫正对象重新融入社会的可能性（Berg and Huebner，2011）。政府部门、社会团体、家庭、学校、社区等多重系统要形成合力，提供丰富的社会资源和帮扶，着力培养社区矫正对象主动寻求和开发社会支持的意愿与能力，使其感受到更多社会温暖和支持，增进他们参与社会生活的信心，使其尽快回归和融入社会。

为进一步细化不同社会支持对社区矫正对象心理适应的影响差异，研究者又对社区矫正青少年这一特殊群体进行访谈研究。研究结果发现，来自家庭的支持是社区矫正青少年社会支持网络中的重要资源，同时情感支持比工具支持、信息支持对社区矫正青少年安全感和归属感的影响更大，个体的支持利用率也有待提升。在社区接受监督管理，对社区矫正对象而言是不可控的、陌生的环境。与朋友、邻居相比，大多社区矫正对象还是更倾向于将与自己有血缘关系的家庭当作信任和期待的港湾，家人是他们社会资源相对匮乏时的有力支柱（付立华、石文乐，2022）。社区矫正青少年重新立足于社会，相比于物质生活、求职就业等实际需求，他们情感支持方面的需求急需得到满足。犯罪青少年的成长过程可能本来就存在情感缺失，而犯罪入矫无疑让他们再次面临情感缺失和社会排斥的危险。所以社区与政府部门应发挥对社区矫正青少年的情感引导作用，不仅要提供必要的就业培训、就业机会等实际支持，更要培养社区矫正青少年的积极心理品质，提升他们主动获取社会资源的能力，尤其要在社区矫正中引入"家庭参与"制度，因为家庭是社区矫正对象社会支持网络中可挖掘的重要资源。推动家庭参与社区矫正不仅可以加快建成多元社会力量共同参与社区矫正的新格局，还可以进一步优化社区矫正对象的社会支持网络，提升教育矫正工作的实际成效。

第四节　关于相对剥夺感对社区矫正对象内隐攻击性影响的实验研究

前面采用自评调查法探索了相对剥夺感对社区矫正对象心理适应机制的影响路径，也通过不同时间点上的纵向研究获得了相对剥夺感与心理适应之间的因果关系，对人们了解社区矫正对象心理适应机制有重要意义。社区矫正对象在矫期间再犯罪率一直处于较低水平，但是依然要加强社区矫正对象重点人员管控，降低再犯罪风险（邓平，2022）。这类特殊人群的监督管理和教育帮扶工作的核心目标就是矫正其认知偏差和不良行为。社区矫正对象曾经因为使用越轨、暴力、攻击性的方法解决问题而正在接受法律惩罚，他们的攻击性可能呈现出与普通人和监狱服刑人员不一样的特点。本研究一方面通过问卷调查社区矫正对象的外显攻击性，另一方面采用 IAT 内隐联想测验的方法，降低个体意识的干扰作用，精准地测试社区矫正对象无意识中攻击性的真实态度，这样就可以有效地排除社会期许效应的干扰，让其的内隐攻击性得到真实地表述。

研究结果发现，与以往研究一致，社区矫正对象群体中外显攻击性和内隐攻击性的相关不显著，两者属于独立的、分离的两种不同结构，与戴春林、孙晓玲（2007）在服刑人员中的研究结果一致。本研究再次支持了 Wilson et al.（2000）提出的双重态度模型（Dual Attitude Model）理论，即人们在处理同一事物或现象时，可能外显态度和内隐态度同时发挥作用。外显态度是能够被人们所意识到的，需要个体通过更多的心理资源去获取，而内隐态度是无意识的、自动化的，在个体的社会认知中"偷偷地"发挥作用（Greenwald and Banaji，1995）。本研究结果也支持双加工模型（Dual-process Model）理论。该理论认为，人类的攻击性行为可分为自动加工模式和控制加工模式。外显攻击属于有意识的、经过理性思考和过滤的控制加工模式；内隐攻击则属于无意识的、没有经过理性思考的自动加工模式。

研究还发现，不同相对剥夺水平下社区矫正对象的外显攻击性没有显著差异，但是在内隐攻击性上，高相对剥夺水平社区矫正对象显著高于低相对剥夺水平的社区矫正对象。与以往研究中相对剥夺感会产生更多的敌意，进而导致攻击性行为的结论（杨雪、叶宝娟，2018；刘林海等，2022；Greitemeyer and Sagioglou，2017）不一致。这可能跟社区矫正对象身份的特殊性有关。一方面，社区矫正对象已经为自己的冲动性或攻击性付出代价，正在接受法律惩罚，同时迫于收监执行的压力可能会深深隐匿一些真实的情绪感受与行为倾向；另一方面，社区矫正对象在社区生活、工作，可以获得家人的谅解，得到社会各方力量的教育帮扶，可以改变其认知和行为偏差，其各种情感需求能得到及时满足，这些都能有效抑制其攻击性行为。因此，即便他们在社会比较中感受到内心失衡和相对剥夺感，也不会让攻击性在意识层面表现出来，从而能够与社会的道德要求达到一致。其他研究也证实了这种情况：崔丽娟等人（2006）发现，对比非网络成瘾者，网络成瘾者具有更显著的攻击性内隐态度，而二者在外显攻击性上无显著差异。朱婵媚（2007）认为，那些高内隐攻击性的个体可能出于社会规范和道德感的约束，会在意识中深深隐匿其攻击性，但没有流露的、压抑在无意识层面的攻击性往往比一般人都高，在条件成熟的情况下可能会表现为外显的攻击行为。这也提示了社区矫正工作的重要性，需要通过心理疏导和教育帮扶矫正社区矫正对象的认知偏差，关注可能诱发其攻击行为的人际关系冲突、就业不顺利、社会歧视等负面生活事件，以防止情境中的唤起条件引发社区矫正对象的外显攻击行为。

第五节　本研究的创新之处

虽然相对剥夺感领域的研究已取得不少进展，但是对于特殊人群且群体成员身份具有可变性的我国社区矫正对象的实证研究比较匮乏。因此，本研究以相对剥夺感为研究的逻辑主线，系统考察了社区矫正对象相对剥夺感的内容结构、发展特点、影响因素、作用机制，得出了一些比较有意义和价值的研究结果。综合来看，本研究可能的创新之处体现在以下几个方面。

（1）从空间和时间（横向—纵向）的视角，探索了社区矫正对象相对剥夺感的内容结构，并采用严谨的量表研制程序编制了一份适用于我国社区矫正对象相对剥夺感并且性能良好的定量测评工具，为今后在社区开展社区矫正对象相对剥夺感的实证研究奠定了一定的基础。

（2）系统考察了社区矫正对象相对剥夺感的总体水平、发展趋势和发展特点，相关研究结果可为各类社区矫正机构提供数据支持和决策依据。

（3）从个体因素和环境因素相结合的视角，考察了关键的个体因素和环境因素对社区矫正对象相对剥夺感的影响作用差异，相关研究结果有助于深入理解社区矫正对象相对剥夺感的产生机制，为社区矫正对象的心理干预提供指导思路。

（4）从时间纵向的角度，全面考察了相对剥夺感对社区矫正对象心理适应的作用机制，证实了相对剥夺感是社区矫正对象心理适应的原因变量，以及领悟社会支持在其中的纵向中介作用。相关研究结果为社区矫正对象相对剥夺感的预防和干预、社区矫正中各方力量的积极参与提供了数据支持和理论指导。

（5）从心理危险因素和心理保护因素两个角度，采用结构方程模型系统考察了心理危险因素和心理保护因素在相对剥夺感与社区矫正对象心理适应两者关系中的不同影响机制，相关研究结果有助于构建社区矫正对象心理适应机制的模型，抑制和减少社区矫正对象的消极心理，挖掘社区矫正对象的积极心理品质，最终帮助社区矫正对象完成从"罪犯"到"守法公民"的顺利转变。

（6）尝试运用内隐实验方法，系统考察了相对剥夺感对社区矫正对象外显攻击性和内隐攻击性的影响，相关研究结果有助于揭示相对剥夺感对社区矫正对象攻击性的影响机制，对降低其再犯风险、保障社会安全和稳定均具有重要价值和意义。

第六节　本研究的不足与展望

本研究遵循严谨的实证研究范式，力求系统、全面地呈现社区矫正对象相对剥夺感的全貌，但限于人力、物力、时间及其他各种主客观因素，本研究也存在一些不足和有待改进的地方，这些也是后续研究的重点所在。

（1）在相对剥夺感影响心理适应的作用机制部分，本研究主要采用自评量表法来收集数据，被试的自我报告可能受到社会期许的影响；同时这种收集数据的方法可能存在共同方法变异的影响，给研究效度带来一定影响。首先，后续研究在使用测验法时可以采用自评和他评相结合的数据收集方法，结合质性研究，将更加有力地揭示社区矫正对象心理适应的变化规律。其次，可以采取内隐实验法，考察相对剥夺感对个体内隐社会认知影响的作用机制，这样可以更加全面地了解相对剥夺感的影响后效，发展和完善相对剥夺感的理论体系。

（2）首先，在相对剥夺感对心理适应影响的追踪研究部分，研究未发现相对剥夺感和社区矫正对象的循环作用关系，但这并不意味着，心理适应对相对剥夺感缺乏预测作用，这有待未来采用更多时间点的追踪数据来揭示两者的因果关系。其次，未考虑相对剥夺感和领悟社会支持对不同人格特质个体的影响，忽略了个体之间的异质性（Collins and Lanza，2010），未来可进一步识别个人特征差异性，得到具有个体意义的统计结果（张洁婷、焦璨、张敏强，2010）。

（3）由于条件的限制，本研究的被试主要取自某一代表性省份，由此得出的研究结果是否适用于其他省份乃至全国的被试还有待验证。因此，在将本研究结果推及其他省份社区矫正对象时需保持谨慎态度。

第七节　本研究的启示

社区矫正本质上是一种非监禁刑事执行活动，这对社区矫正对象的社会关系网络、就业、家庭、人际交往、人生规划都产生了较大影响。这种影响可能使得社区矫正对象需要改变认知偏差，增加自我认同，以积极的心态面对一系列可能不利于自我发展的环境因素和个人因素。本研究结果对于社区心理矫正工作具有重要的启示和意义。

（1）重视心理矫正，引导社区矫正对象进行合理的社会比较。在影响社区矫正对象心理适应的诸多危险心理因素中，要重视该群体产生相对剥夺感的发生机制，做到预防和干预。研究表明，社区矫正对象的纵向相对剥夺感比横向相对剥夺感更强烈，并且随着入矫时间的延长而逐渐降低。入矫之初，社区矫正对象很容易陷入跟自己过去比较、跟周围同龄人比较的痛苦之中，这时应注重对其不公平感、不满意感、挫折感以及愤怒感等不良情绪进行合理的疏导，避免其出现情绪失调。

（2）研究表明，女性、离婚或丧偶、学历在小学和大学及以上、工作不稳定的社区矫正对象其相对剥夺感水平较高，因此社区矫正机构和政府相关部门要加强对这些社区矫正对象的心理疏导和情感关怀，将"家庭关怀"纳入社矫工作中来，提高家庭参与度，为社区矫正对象开展个性化心理矫治。

（3）研究发现客观社会经济地位、社会排斥等客观环境因素以及主观社会经济地位、控制感等个体因素对社区矫正对象相对剥夺感具有显著的影响。因此，对社区矫正对象而言，应该加强对他们的心理矫正和情感疏导，提高他们对社会生活的控制感，形成对自己社会经济地位的合理认知和价值评判；对社区矫正机构而言，要引入社会各方力量和资源为社区矫正对象提供就业绿色通道，修复其社会关系网络，提高其客观社会经济地位；对政府来说，应尽快通过一系列政策设计调整配置资源，如社会保障、社会保险就业促进等，增强社区矫正对象的公平感和获得感。

（4）研究表明，相对剥夺感不仅直接影响社区矫正对象的心理适应水平，还会通过歧视知觉、道德推脱等危险性因素和心理弹性、公共世界信念等保护性因素的中介作用间接影响社区矫正对象的心理适应水平。这提示人们，人与环境的交互作用中，危险和机遇如影随形。在社区矫正对象接受矫正教育的压力情境中，一方面应该注重对一些危险性心理因素（歧视知觉、道德推脱）进行合理消解，另一方面应加强对一些保护性心理因素（如心理弹性、公共世界信念）的培养和提升，从而切实消除相对剥夺感对社区矫正对象心理适应的不利影响。

（5）研究发现，相对剥夺感与社区矫正对象心理适应存在因果关系，并且相对剥夺感通过领悟社会支持的纵向中介作用间接影响社区矫正对象的心理适应。这提醒人们要重视社会支持网络的系统建构对社区矫正对象社会融入和心理适应的重要性。不但要动员社会各方力量为社区矫正对象提供各种资源和帮扶，而且要着力培养社区矫正对象的自主性和能动性，使他们能够具备主动寻求和开发社会支持、社会资源的意愿与能力。

（6）研究发现，不同相对剥夺水平下社区矫正对象的外显攻击性没有显著差异，但是高相对剥夺水平的社区矫正对象的内隐攻击性显著高于低相对剥夺水平的社区矫正对象。这提醒了人们要全面认识社区矫正对象的攻击性认知和行为，不仅需要关注其外在的攻击性行为，还需要关注可能诱发其攻击行为的家庭不和谐、人际关系紧张、就业不顺利、社会排斥等消极事件，以防止这些负面刺激作为情境因素增强或唤起社区矫正对象的内隐攻击性。

第七章 结 论

本研究选取社区矫正对象这一特殊群体为研究对象，自编相对剥夺感量表，采用访谈法、测验法和交叉滞后法，建构相对剥夺感对社区矫正对象心理适应的影响机制，得出以下主要结论。

（1）社区矫正对象的相对剥夺感整体上并不明显，呈现出随着入矫时间的延长而逐渐降低的趋势。

①社区矫正对象相对剥夺感具有二维结构：横向相对剥夺和纵向相对剥夺；社区矫正对象相对剥夺感量表具有良好的半分信度、内部一致性信度，以及结构效度和效标关联效度，是一份可信、有效的测量工具，适用于社区矫正对象相对剥夺感的调查，也可以作为进一步研究的工具。

②社区矫正对象的相对剥夺感整体上并不明显，呈现出随着入矫时间的延长而逐渐降低的趋势，纵向相对剥夺水平显著高于横向相对剥夺水平。

③女性社区矫正对象的总体相对剥夺和纵向相对剥夺感水平均高于男性社区矫正对象；离婚或丧偶者的总体相对剥夺及其各维度水平均显著高于已婚者和未婚者；学历在小学及以下和大学及以上的社区矫正对象，其总体相对剥夺及其各维度得分远高于初中和高中（中专）个体；一直有工作的社区矫正对象相对剥夺感水平比有时失业和一直无工作的个体更低。

（2）社区矫正对象的相对剥夺感受到环境因素和个体因素的显著影

响，且个体因素的影响效应整体上要大于环境因素。

①在控制了人口统计学变量之后，客观社会经济地位、主观社会经济地位、控制感对社区矫正对象的相对剥夺感具有显著的负向预测作用，社会排斥对社区矫正对象的相对剥夺感具有显著的正向预测作用。

②个体因素对社区矫正对象相对剥夺感的预测效应整体上要大于环境因素，在个体因素中以主观社会经济地位的预测效应较大，在环境因素中以社会排斥的预测效应较大。

（3）相对剥夺感对社区矫正对象心理适应具有显著的直接影响，其中歧视知觉和道德推脱等危险心理因素，以及心理弹性和公正世界信念等心理保护因素在两者之间都产生中介作用。

①相对剥夺感对社区矫正对象的心理适应水平具有直接预测作用，并且歧视知觉和道德推脱在社区矫正对象相对剥夺感对心理适应影响中存在单独中介作用和链式中介作用。

②相对剥夺感对社区矫正对象的心理适应水平具有直接预测作用，并且心理弹性和公正世界信念在社区矫正对象相对剥夺感对心理适应影响中存在双中介作用。

③心理危险性因素（歧视知觉、道德推脱）和心理保护性因素（心理弹性、公正世界信念）在相对剥夺感和社区矫正对象心理适应影响中存在独立预测作用，心理保护因素不仅能独立减少相对剥夺感负面影响的作用，还能够调节、缓冲、隔离、抵消心理危险因素带来的不良后果。

（4）相对剥夺感与社区矫正对象的心理适应存在因果关联，相对剥夺感是原因变量，并且相对剥夺感通过领悟社会支持的纵向中介作用间接影响社区矫正对象的心理适应；不同社会支持对社区矫正青少年心理适应的影响存在差异。

①相对剥夺感与社区矫正对象心理适应之间具备因果关联，其中相对剥夺感是社区矫正对象心理适应的原因变量。

②相对剥夺感不仅能直接预测社区矫正对象心理适应，也能通过领悟社会支持的中介作用得以实现。

③相对剥夺感通过领悟社会支持间接影响社区矫正对象心理适应的中介机制具有跨时间的稳定性。

④相比于朋友支持和他人支持，来自家庭的支持对社区矫正青少年心理适应的影响更大；情感支持比工具支持、信息支持对社区矫正青少年安全感和归属感的影响更大；社区矫正青少年的支持利用度需要进一步提升。

（5）社区矫正对象群体中外显攻击性和内隐攻击性相关不显著，相对剥夺感对社区矫正对象的外显攻击性和内隐攻击性存在影响差异。

①社区矫正对象群体中外显攻击性和内隐攻击性相关不显著，两者属于独立的、分离的不同结构。

②高、低相对剥夺感水平下社区矫正对象的外显攻击性没有显著差异。

③高相对剥夺感水平社区矫正对象的内隐攻击性显著高于低相对剥夺感水平的社区矫正对象。

参考文献

[1] 曹颖 . 女性社区矫正对象社会支持网模式研究 [J]. 犯罪与改造研究，2017
（3）：47-51.

[2] 车文博 . 心理咨询大百科全书 [M]. 杭州：浙江科学技术出版社，2001.

[3] 陈成文 . 社会弱者论：体制转换时期社会弱者的生活状况与社会支持 [M].
北京：时事出版社，2000.

[4] 陈海伦 . 社区服刑人员矫正观质性研究 [D]. 长沙：湖南大学，2019.

[5] 陈珊，童峰，齐铱，等 . 认知行为治疗降低社区服刑人员再犯率有效性
的系统评价 [J]. 中国心理卫生杂志，2018，32（9）：724-730.

[6] 陈建文 . 论社会适应 [J]. 西南大学学报（社会科学版），2010，36（1）：
11-15.

[7] 陈海佳 . 社会性别视角下社区矫正对象社会适应研究：以 S 市 J 区为例 [D].
上海：上海师范大学，2020.

[8] 陈娜 . 社区服刑人员悔罪程度及影响因素实证研究：基于上海的问卷调
查 [J]. 法学论坛，2016，31（5）：90-98.

[9] 陈晓敏 . 社区矫正中的社会性别视角：以上海市 ×× 社区矫正对象个案
为例 [J]. 法治论丛，2003（5）：11-14.

[10] 陈艳红，程刚，关雨生，等 . 大学生客观社会经济地位与自尊：主观社
会地位的中介作用 [J]. 心理发展与教育，2014，30（6）：594-600.

[11] 陈向明 . 质的研究方法与社会科学研究 [M]. 北京：教育科学出版社，
2000.

[12] 陈姝宏．从"排斥"到"支持"：矫正对象回归社会的嬗变．社会科学战线 [J]，2013（12）：244–246

[13] 陈姝宏．社区矫正对象再社会化研究：以长寿市 D 区典型街道、社区为例 [D].长春：吉林大学，2014.

[14] 程诚，黄俊，梁宝勇．心理健康素质测评系统·中国成年人心理弹性全国采样调查报告 [J].心理与行为研究，2014，12（6）：735–742.

[15] 池丽萍．婚姻会使人幸福吗：实证结果和理论解释 [J].首都师范大学学报（社会科学版），2014（1）：136–144.

[16] 崔丽娟，胡海龙，吴明证等．网络游戏成瘾者的内隐攻击性研究 [J].心理科学，2006，29（3）：570–573.

[17] 戴春林，孙晓玲．关于服刑人员的内隐攻击性研究 [J].心理科学，2007，30（4）：955–957.

[18] 邓平．社区矫正对象再犯风险现状及对策探究 [J].犯罪与改造研究，2022（8）：43–48.

[19] 丁倩，梁一冰，张永欣，等．低阶层大学生贫富归因对心理特权的影响：相对剥夺感的中介作用 [J].中国临床心理学杂志，2019（5）：1041–1044.

[20] 丁倩，唐云，魏华，等．相对剥夺感与大学生网络游戏成瘾的关系：一个有调节的中介模型 [J].心理学报，2018，50（9）：1041–1050.

[21] 丁倩，张永欣，周宗奎．错失恐惧与社交网站成瘾：有调节的中介模型 [J].心理科学，2020，43（5）：1140–1146.

[22] 丁元竹．让居民拥有获得感必须打通最后一公里：新时期社区治理创新的实践路径 [J].国家治理，2016，1（2）：18–23.

[23] 杜建政，祝振兵．公正世界信念：概念、测量及研究热点 [J].心理科学进展，2007（2）：373–378.

[24] 段婉钰．大学生依恋转移和心理适应的关系：以家族主义价值观、情绪调节作为心理机制 [D].武汉：武汉大学，2020.

[25] 范兴华，陈锋菊，唐文萍，等. 流动儿童歧视知觉、自尊与抑郁的动态关系：模型检验 [J]. 中国临床心理学杂志，2016，24（1）：45-48.

[26] 方杰，张敏强. 中介效应的点估计和区间估计：乘积分布法、非参数Bootstrap 和 MCMC 法 [J]. 心理学报，2012，44（10）：1408-1420.

[27] 房纯. 犯罪青少年公正世界信念与抑郁的关系：自尊和心理弹性的多重中介作用 [D]. 徐州：江苏师范大学，2017.

[28] 费梅苹，张晓灿. 社区矫正对象的复原力发展过程探究 [J]. 浙江工商大学学报，2020（2）：102-113.

[29] 冯建仓. 特殊群体社区服刑人员的特殊权利保护初探 [J]. 中国司法，2018（11）：90-93.

[30] 付立华，石文乐. 社会支持视阈下社区矫正中的家庭参与 [J]. 东岳论丛，2022，43（7）：176-181.

[31] 高峰强，耿靖宇，杨华勇，等. 受欺负对偏执的影响：安全感和相对剥夺感的多重中介模型 [J]. 中国特殊教育，2017（3）：91-96.

[32] 高峰强，杨华勇，耿靖宇，等. 相对剥夺感、负性生活事件在羞怯与攻击关系中的多重中介作用 [J]. 中国临床心理学杂志，2017，25（2）：347-350.

[33] 高梅书. 青少年社区服刑人员社会适应问题探析 [J]. 青年探索，2014（5）：80-85.

[34] 耿梦欣. 组织公平感对离职倾向的影响：相对剥夺感和权力距离的作用 [D]. 漳州：闽南师范大学，2019.

[35] 古典，于方静，蒋奖，等. 社会排斥类型对拟人化消费的影响 [J]. 中国临床心理学杂志，2019，27（6）：1104-1108，1120.

[36] 关雨生，程刚，龚玲，等. 高学历青年员工主观社会地位的指标构成及特点：以重庆地区为例 [J]. 西南师范大学学报（自然科学版），2015，40（8）：105-111.

[37] 郭星华. 城市居民相对剥夺感的实证研究 [J]. 中国人民大学学报，2001

（3）：71-78.

[38] 郭燕梅.相对剥夺感预测集群行为倾向：社会焦虑的调节作用 [D].济南：
山东师范大学，2013.

[39] 郭英，张梦柔.服刑人员社会支持与社会适应的关系：公正世界信念的
中介作用 [J].中国特殊教育，2016（10）：71-77.

[40] 韩磊，任跃强，薛雯雯，等.自尊与攻击：相对剥夺感和领悟社会支持
的多重中介作用 [J].中国特殊教育，2017（2）：84-89.

[41] 贺利中.迁移青少年心理适应影响因素及应对策略 [J].当代青年研究，
2012（9）：71-75.

[42] 侯杰泰，温忠麟，成子娟.结构方程模型及其应用 [M].北京：教育科学
出版社，2004.

[43] 洪佩，费梅苹.本土社会工作实践中社区服刑人员的身份建构机制 [J].
中国青年研究，2018（4）：108-113.

[44] 黄丽，杨廷忠，季忠民.正性负性情绪量表的中国人群适用性研究 [J].
中国心理卫生杂志，2003，17（1）：54-56.

[45] 姬莉平.社区矫正对象的社会支持网络分析 [J].中国监狱学刊，2008，
23（3）：143-146.

[46] 贾国平，贾新，陆萍，等.社区服刑人员外出请假制度的实践与思考 [J].
中国司法，2019（2）：67-71.

[47] 贾晓波.心理适应的本质与机制 [J].天津师范大学学报（社会科学版），
2001（1）：19-23.

[48] 姜慧.大学生社会排斥、个体相对剥夺感对反应性攻击的影响 [D].长春：
吉林大学，2020.

[49] 姜乾金.领悟社会支持量表 [J].中国行为医学科学，2001，10：41-42.

[50] 焦惟奇."家庭支持型"社区矫正模式作用 [N].江苏法制报，2017-11-
13（7）.

[51] 金灿灿，邹泓，李晓巍.青少年的社会适应：保护性和危险性因素及其

累积效应 [J]. 北京师范大学学报（社会科学版），2011（1）：12-20.

[52] 金碧华. 社区矫正假释人员回归社会的障碍分析及破解策略 [J]. 犯罪研究，2020（3）：20-32.

[53] 景璐石，辜慧，徐科，等. 犯罪青少年家庭教养方式及家庭关怀度分析 [J]. 中国学校卫生，2011（12）：1451-1453.

[54] 景璐石，顾荣莉，徐科，等. 犯罪青少年心理健康、社会适应与狱所回归教育 [J]. 中国健康心理学杂志，2014，22（1）：61-63.

[55] 井世洁. 社区矫正青少年的社会支持及其与精神健康的关系：基于上海市 J 区的实证分析 [J]. 华东理工大学学报（社会科学版），2010，25（2）：48-54.

[56] 井世洁. 社区矫正青少年社会排斥成因初探 [J]. 青少年犯罪问题，2012（4）：87-90.

[57] 黎芝. UCLA 孤独感量表中文简化版（ULS-8）的考评及应用研究 [D]. 长沙：中南大学，2012.

[58] 李俊. 相对剥夺理论与弱势群体的心理疏导机制 [J]. 社会科学，2004（4）：74-78.

[59] 李光勇. 青少年社区服刑人员社会支持网络研究：基于上海的实地调查 [J]. 中国青年研究，2012（9）：113-116.

[60] 李俏俏. 受欺负对大学生攻击行为的影响：相对剥夺感和愤怒反刍思维的多重中介作用 [D]. 哈尔滨：哈尔滨师范大学，2019.

[61] 李晓娥，张利，任建通. 社区服刑人员生活适应状况研究 [J]. 社会工作（学术版），2011（6）：94-96.

[62] 李如齐，葛祥龄，董厚坤. 试析社区矫正心理矫治工作的理论基源 [J]. 前沿，2011（23）：178-182.

[63] 李月梅. 大学生羞怯与主观幸福感的关系：上行社会比较和相对剥夺感的链式中介作用 [D]. 南昌：江西师范大学，2018.

[64] 李振东. 社会支持网络理论视角下社区矫正对象就业问题研究：以武汉

市汉阳区为例 [J]. 武汉：华中师范大学，2020.

[65] 梁宝勇. 素质－应激交互调节与中介模型：心理病理素质－应激模型的发展 [M]. 北京：北京大学医学出版社，2014.

[66] 林兰芬. 社区矫正对象的社会排斥与社会工作干预 [D]. 武汉：中南民族大学，2008.

[67] 梁振东，耿梦欣，岳金笛. 企业员工群体相对剥夺感问卷的编制 [J]. 牡丹江师范学院学报（社会科学版），2019（4）：30-38.

[68] 刘得明，龙立荣. 国外社会比较理论新进展及其启示：兼谈对公平理论研究的影响 [J]. 华中科技大学学报（社会科学版），2008（5）：103-108.

[69] 刘林海，李月华，张行进，等. 相对剥夺感对高职生攻击行为的影响：控制感的中介作用 [J]. 中国健康心理学杂志，2022，30（5）：753-758.

[70] 刘令衣. 女性社区矫正对象再社会化的个案研究 [D]. 长春：长春理工大学，2020.

[71] 刘柳. 关于女性服刑人员监狱适应的西方研究回顾与反思 [J]. 江苏社会科学，2014（2）：106-111.

[72] 刘强，张晓航，林闫馨. 社区服刑人员重新犯罪问题研究 [J]. 犯罪与改造研究，2017（1）：35-41.

[73] 刘素珍，朱久伟，樊琪，等. 社区服刑人员心理健康状况调查 [J]. 心理科学，2006（6）：1452-1455.

[74] 刘霞，赵景欣，师保国. 歧视知觉的影响效应及其机制 [J]. 心理发展与教育，2011，27（2）：216-223.

[75] 刘珊，石人炳. 青少年道德推脱与亲社会行为 [J]. 青年研究，2017（5）：17-26，94.

[76] 刘玉新，张建卫. 内隐社会认知探析 [J]. 北京师范大学学报（人文社会科学版），2000（2）：88-93.

[77] 刘竹华，徐洁，李漪，等．社区矫正人员开放性与社会适应的关系：人际关系敏感的中介作用和同伴信任的调节作用 [J]. 中华行为医学与脑科学杂志，2019（12）：1131-1135.

[78] 刘奕林．成年犯攻击行为、道德推脱与共情的关系研究 [D]. 贵州：贵州师范大学，2015.

[79] 骆群．弱势的镜像：上海市社区矫正对象的社会排斥研究 [D]. 上海：上海大学，2008.

[80] 罗兰苑．高校新生心理适应与思想政治教育工作探微 [J]. 广东水利电力职业技术学院学报，2007（1）：1-3.

[81] 罗桂芬，白南风，仇雨临．社会心理承受力的深层分析 [J]. 社会学研究，1994（4）：56-66.

[82] 马皑．相对剥夺感与社会适应方式：中介效应和调节效应 [J]. 心理学报，2012，44（3）：377-387.

[83] 宁军妮，肖聪阁，李胜．社区服刑人员再犯罪防控机制的完善 [J]. 宜宾学院学报，2018，18（10）：96-102，117.

[84] 庞荣．社区服刑人员重新犯罪风险影响因素探讨：以上海市为例 [D]. 武汉：武汉大学，2018.

[85] 彭博雅．《刑法修正案（八）》对服刑人员心理的影响：服刑人员相对剥夺感与情绪注意偏向特点研究 [D]. 曲阜：曲阜师范大学，2014.

[86] 彭嘉熙，方鹏，陈泓旭，等．个体相对剥夺感问卷在大学生群体的信效度检验 [J]. 心理学探新，2021，41（1）：76-82.

[87] 彭国昌．社会支持对社区矫正青少年的增权作用研究 [J]. 云南行政学院学报，2017，19（6）：172-176.

[88] 漆瑞．社区矫正人员心理弹性研究 [D]. 济南：山东大学，2016.

[89] 权思翔，王振宏．父母情感温暖与亲社会行为的关系：公正世界信念和感恩的链式中介作用 [C]// 中国心理学会．第二十二届全国心理学学术会议摘要集．[出版地不详]，2019.

[90] 谭旭运．主客观社会地位对社会信任心态的影响 [J]．哈尔滨工业大学学报（社会科学版），2016，18（4）：64–70.

[91] 司法部．学习贯彻习近平总书记"七一"重要讲话精神 深入推进社区矫正工作规范化精细化智能化 [EB/OL]．（2021–8–26）．http://www.moj.gov.cn/pub/sfbgw/jgsz/jgszzsdw/zsdwfzxczx/fzxczxxwdt/202108/t20210826_436140.html.

[92] 司法部社区矫正管理局．社区矫正法律法规与工作制度汇编 [M]．北京：法律出版社，2014.

[93] 申仁洪．藏族听力残疾儿童社会适应、社会支持与生活满意度研究 [J]．重庆师范大学学报（自然科学版），2014，31（2）：110–113.

[94] 史景轩，柳明浩，郦晓宁，等．团体内观对社区服刑人员心理及行为的干预研究 [J]．犯罪与改造研究，2021（2）：66–71.

[95] 宋明华，刘燊，朱转，等．相对剥夺感影响网络集群攻击行为：一个有调节的双路径模型 [J]．心理科学，2018，41（6）：1436–1442.

[96] 斯特法尼．法国刑法总论精义 [M]．罗洁珍，译．北京：中国政法大学出版社，1998.

[97] 孙灯勇，郭永玉．相对剥夺感：想得、应得、怨愤于未得 [J]．心理科学，2016，39（3）：714–719.

[98] 孙丽君，杜红芹，牛更枫，等．心理虐待与忽视对青少年攻击行为的影响：道德推脱的中介与调节作用 [J]．心理发展与教育，2017，33（1）：65–75.

[99] 孙时进．社会心理学导论 [M]．上海：复旦大学出版社，2011.

[100] 孙文立．论社区矫正心理矫治工作的发展路径：以监狱心理矫治工作经验为视角 [J]．山东警察学院学报，2015，27（4）：93–97.

[101] 孙志丽．以需求为本的社区矫正工作研究 [J]．知与行，2015（1）：94–96.

[102] 谭立．男性涉黑罪犯的内隐攻击性研究 [J]．犯罪与改造研究，2020(8):

61-66.

[103] 汤毅晖, 黄海, 雷良忻. 青少年疏离感与家庭功能、人格的关系研究 [J]. 中国临床心理学杂志, 2004, 12（2）: 158-160.

[104] 滕洪昌, 姚建龙, 李月华, 等. 公正世界信念和亲社会行为对未成年人犯罪的影响研究 [J]. 预防青少年犯罪研究, 2018（2）: 18-24.

[105] 田录梅, 张文新, 陈光辉. 父母支持、友谊质量对孤独感和抑郁的影响: 检验一个间接效应模型 [J]. 心理学报, 2014, 46（2）: 238-251.

[106] 王芃, 王忠军, 李松锴. 好人也会做坏事: 有限道德视角下的不道德行为 [J]. 心理科学进展, 2013, 21（8）: 1502-1511.

[107] 王佳权, 郑晓边. 服刑人员社会适应、父母教养方式及其应对方式研究 [J]. 中国健康心理学杂志, 2008（4）: 473-475.

[108] 王贵芳. 社区服刑人员人身危险性评估研究 [D]. 上海: 上海大学, 2007.

[109] 王梅. 完善社区服刑人员人身危险性评估的思考 [J]. 广西民族师范学院学报, 2018, 35（4）: 59-61.

[110] 王明姬, 王垒, 施俊琦. 社会比较倾向量表中文版的信效度检验 [J]. 中国心理卫生杂志, 2006（5）: 302-305, 316.

[111] 王美芳, 王学思, 杨肖肖, 等. 父母拒绝与儿童青少年心理适应的关系: 另一方父母接受的调节作用 [J]. 中国临床心理学杂志, 2017, 25（2）: 337-341.

[112] 王宁. 相对剥夺感: 从横向到纵向: 以城市退休老人对医疗保障体制转型的体验为例 [J]. 西北师大学报（社会科学版）, 2007（4）: 19-25.

[113] 王甫勤. 社会流动与分配公平感研究 [D]. 上海: 复旦大学, 2010.

[114] 王蕊颖, 王卫红. 近十年我国社区服刑人员心理健康状况的元分析 [J]. 福建警察学院学报, 2016, 30（6）: 33-38.

[115] 王天瑞. 青少年社区矫正对象社会融入的困境与出路: 以社会支持网

络为视角 [J]. 河南司法警官职业学院学报，2022，20（1）：36-40.

[116] 王晓磊. 主观社会经济地位如何影响社会成就归因：基于社会公平感的中介效应分析 [J]. 北京社会科学，2018（5）：95-104.

[117] 王维皓，李晓宇，王玲，等. 社会适应与社区服刑人员再犯罪风险的关系 [J]. 心理月刊，2019，14（17）：15-16.

[118] 王亚楠. 新生代农民工相对剥夺感对生活满意度的影响：社会支持的调节作用 [D]. 福州：福建师范大学，2017.

[119] 王洋洋. 服刑人员再社会化的社会支持问题研究 [D]. 长沙：中南大学，2013.

[120] 王玉花. 有童年期留守经历的大学生成人依恋、社会支持与主观幸福感关系的研究 [D]. 武汉：华中科技大学，2008.

[121] 王玉花. 有童年期留守经历的大学生成人依恋、社会支持与主观幸福感的关系研究 [J]. 心理学探新，2010，30（2）：71-75.

[122] 王玉花. 从心理弹性理论视角看留守儿童的社会支持网络 [J]. 教育学术月刊，2010（10）：6-7，16.

[123] 魏然.78 例社区服刑人员人格特征与心理健康的相关研究 [J]. 中国健康心理学杂志，2012，20（8）：1162-1164.

[124] 温忠麟，叶宝娟. 中介效应分析：方法和模型发展 [J]. 心理科学进展，2014，22（5）：731-745.

[125] 翁堂梅. 从纵向到横向：农村户籍大学生的相对剥夺感探究 [J]. 中国青年研究，2018（7）：73-81.

[126] 伍晋. 社区服刑人员的再犯罪预防 [J]. 人民检察，2017（10）：72-73.

[127] 夏良伟，姚树桥，胡牡丽. 青少年主观社会经济地位与吸烟行为：生活事件的中介作用 [J]. 中国临床心理学杂志，2012，20（4）：556-558.

[128] 向巍. 社区心理矫正：加强和创新社会管理的科学路径之一 [J]. 云南

行政学院学报，2012，14（6）：138-140.

[129] 肖雪莲.运用"相对剥夺感"理论对我国转型时期弱势群体的心理进行探析与调适 [J].吉林广播电视大学学报，2006（4）：79-81，98.

[130] 肖水源，杨德森.社会支持对身心健康的影响 [J].中国心理卫生杂志，1987（4）：183-187.

[131] 邢淑芬，俞国良.社会比较研究的现状与发展趋势 [J].心理科学进展，2005（1）：78-84.

[132] 熊猛.流动儿童相对剥夺感：特点、影响因素与作用机制 [D].福州：福建师范大学，2015.

[133] 熊猛，叶一舵.相对剥夺感：概念、测量、影响因素及作用 [J].心理科学进展，2016，24（3）：438-453.

[134] 熊猛，刘若瑾.相对剥夺感与留守儿童抑郁的关系：控制感与公正世界信念的作用 [J].福建师范大学学报（哲学社会科学版），2020（2）：148-157，171-172.

[135] 熊猛，马建平，叶一舵.相对剥夺感对离异家庭儿童抑郁的影响：一个有调节的中介模型 [J].中国临床心理学杂志，2020，28（3）：523-527.

[136] 熊猛，刘若瑾，叶一舵.单亲家庭儿童相对剥夺感与心理适应的循环作用关系：一项追踪研究 [J].心理学报，2021，53（1）：67-80.

[137] 熊承清，许远理.生活满意度量表中文版在民众中使用的信度和效度 [J].中国健康心理学杂志，2009，17（8）：948-949.

[138] 徐进，张永伟，潘志强.社会支持程度对服刑人员改造表现的影响 [J].中国健康心理学杂志，2011，19（3）：294-297.

[139] 徐暾，徐胤.相对剥夺感对社区矫正人员人身危险性的影响：消极应对方式和自尊的不同作用 [C]// 中国心理学会.第二十二届全国心理学学术会议摘要集 .[出版地不详]，2019：95-96.

[140] 徐徐.青少年社区服刑人员再社会化研究：以社会控制理论为视角 [J].

中国青年研究，2014（3）：110-114.

[141] 杨彩云.社区服刑人员的社会融入与精神健康：基于上海的实证研究
       [J].华东理工大学学报（社会科学版），2014，29（4）：10-20.

[142] 杨彩云，高梅书，张昱.动态需求取向：小组工作介入社区矫正的探
       索性研究：以 N 市 C 区社区服刑人员角色认同小组为例 [J].中国人民
       公安大学学报（社会科学版），2014，30（1）：1-8.

[143] 杨彩云.规训与调试：社区服刑人员的社会融入研究 [M].上海：华东
       理工大学出版社，2018.

[144] 杨彩云.歧视知觉对社区矫正对象社会疏离的影响机制研究：基于身
       份认同整合和社会支持的中介效应 [J].浙江工商大学学报，2022（3）：
       127-139.

[145] 杨继平，王兴超，高玲.道德推脱的概念、测量及相关变量 [J].心理
       科学进展，2010，18（4）：671-678.

[146] 杨继平，王兴超.父母冲突与初中生攻击行为：道德推脱的中介作用[J].
       心理发展与教育，2011，27（5）：498-505.

[147] 杨娟，赵旭，陈开明，等.互依自我构念影响心理健康的追踪研究：
       以社会支持为中介的交叉滞后模型 [J].西南师范大学学报（自然科学
       版），2020，45（6）：80-87.

[148] 杨军，李宜萍.大学生攻击性特征研究 [J].宜春学院学报，2014，36（11）：
       115-118.

[149] 杨莉.社会支持网络视角下青少年违法犯罪预防研究：以泰州市为例
       [D].武汉：华中师范大学，2013.

[150] 杨玲，曹华，耿银凤，等.社区服刑人员领悟社会支持与心理健康的
       关系研究 [J].中国社会医学杂志，2016，33（6）：555-558.

[151] 杨琪，张靖汶，文革.社区矫正对象就业困境研究 [J].法制与社会，
       2021（9）：127-128.

[152] 杨雪，叶宝娟.青少年受欺负与攻击的关系：相对剥夺感的中介作用

和日常环境中的暴力暴露的调节作用 [C]// 中国心理学会 . 第二十一届
全国心理学学术会议摘要集 . [出版地不详]，2018：936-938.

[153]　杨彦平，金瑜 . 中学生社会适应量表的编制 [J]. 心理发展与教育，
2007（4）：108-114.

[154]　Chen，杨治良，刘素珍 . "攻击性行为"社会认知的实验研究 [J]. 心
理科学，1996（2）：75-78，127.

[155]　杨治良，刘素珍，钟毅平，等 . 内隐社会认知的初步实验研究 [J]. 心
理学报，1997（1）：18，20-23.

[156]　杨治良，高桦，郭力平 . 社会认知具有更强的内隐性：兼论内隐和外
显的"钢筋水泥"关系 [J]. 心理学报，1998（1）：1-6.

[157]　叶一舵，熊猛 . 环境因素对流动儿童相对剥夺感的影响：流动时间的
调节作用 [J]. 中国特殊教育，2017（7）：41-46.

[158]　叶茂林，彭运石 . 内隐社会认知视野中的攻击性 [J]. 心理学探新，
2004（2）：58-62.

[159]　应湘，白景瑞，郭绵玲，等 . 外来工子女心理弹性、社会支持与积极
情绪特征 [J]. 广州大学学报（社会科学版），2014，13（2）：25-30.

[160]　游锐，王玉花，李志勇 . 未成年社区服刑人员的社会支持现状调查和
对策研究 [J]. 太原城市职业技术学院学报，2019（2）：188-190.

[161]　袁晓娇，方晓义，刘杨，等 . 流动儿童社会认同的特点、影响因素及
其作用 [J]. 教育研究，2010，31（3）：37-45.

[162]　苑霞，谢殊曼，邓中文 . 未成年社区服刑人员教育矫正之探讨 [J]. 河
南司法警官职业学院学报，2019，17（3）：45-52.

[163]　余青云，张静 . 拒绝敏感性和抑郁在贫困大学生歧视知觉与攻击行为
间的中介作用 [J]. 中国临床心理学杂志，2018，26（6）：1100-1103.

[164]　岳艳锋 . 美术教育的心理矫正作用 [J]. 艺海，2012（7）：152.

[165]　云祥，李小平，杨建伟 . 暴力犯内隐攻击性研究 [J]. 心理学探新，
2009，29（2）：62-65

[166] 占燕平.社区服刑人员收监执行制度研究 [D].泉州：华侨大学，2018.

[167] 扎斯特罗，阿什曼.人类行为与社会环境 [M].师海玲，孙岳，译.北京：中国人民大学出版社，2006.

[168] 张华威，刘洪广.大学生相对剥夺感与自杀意念的关系：领悟社会支持与核心自我评价的多重中介模型 [J].黑龙江高教研究，2019（4）：94-98.

[169] 张凯.困境与出路：我国社区服刑人员帮困扶助工作实证研究 [J].中国政法大学学报，2017（6）：107-117，160-161.

[170] 张扬.女性犯罪人员的社区矫正问题研究：以包头市女性犯罪人员为例 [D].呼和浩特：内蒙古大学，2016.

[171] 张丹丹，路茗涵，王卫红.社区矫正人员的心理需求理论：基于扎根理论 [J].心理科学，2019，42（1）：237-244.

[172] 张光珍，姜宁，梁宗保，等.流动儿童的歧视知觉与学校适应：一项追踪研究 [J].心理发展与教育，2016，32（5）：587-594.

[173] 张静，刘涛涛.社区矫正工作存在的问题与应对思考：以重庆市北碚区社区矫正工作为视角 [J].中国检察官，2017（3）：65-67.

[174] 张洁婷，焦璨，张敏强.潜在类别分析技术在心理学研究中的应用 [J].心理科学进展，2010，18（12）：1991-1998.

[175] 张莉，赵景欣，张文新.积极情绪和服刑青少年心理症状的关系：人际协助的中介作用 [J].山东师范大学学报（人文社会科学版），2017，62（6）：87-93.

[176] 张莉，李静雅，赵景欣.父母支持与服刑青少年的情绪适应：公正世界信念的中介作用 [J].心理发展与教育，2015，31（6）：746-752.

[177] 张灵，吴明证.阶层流动感对亲社会行为的影响：公正世界信念的中介作用 [C]// 中国心理学会.第二十届全国心理学学术会议：心理学与国民心理健康摘要集 [出版地不详]，2017：863-864.

[178] 张萌，夏培芳，张宇航.犯罪青少年心理与行为的脱离机制：基于道

德推脱的视角 [J]. 中国人民公安大学学报（社会科学版），2018，34（4）：17-24.

[179]　张梦柔. 服刑人员社会支持与感戴的关系：公正世界信念的中介作用 [D]. 成都：四川师范大学，2017.

[180]　张兴贵，何立国，郑雪. 青少年学生生活满意度的结构和量表编制 [J]. 心理科学，2004（5）：1257-1260.

[181]　张文新，李静雅，赵景欣. 犯罪青少年公正世界信念与情绪适应的关系 [J]. 中国特殊教育，2012（12）：75-79.

[182]　张樱樱，叶海，叶一舵，等. 流动儿童学校归属感、相对剥夺感与其攻击行为之间的关系 [J]. 中国临床心理学杂志，2021，29（5）：986-990.

[183]　张樱樱，吴银银，叶一舵，等. 父亲参与教养与农村寄宿制初中生学校适应：自我控制的中介作用和相对剥夺感的调节作用 [J]. 心理科学，2021，44（6）：1354-1360.

[184]　曾红，范云，黎光明，等. 弹性心理训练对农业院校大学生相对剥夺感效果分析 [J]. 中国学校卫生，2015，36（11）：1669-1671.

[185]　庄乾，李莹，刘一军，等. 情绪智力、应对方式对大学生外显与内隐攻击性的影响 [J]. 西南大学学报（自然科学版），2015，37（12）：122-127.

[186]　赵洪金，倪正鹏. 罪犯再社会化的心理分析 [J]. 法制博览，2015（14）：112-113.

[187]　赵郝锐. 大学生心理适应：原生家庭的影响 [D]. 苏州：苏州大学，2017.

[188]　赵亮，程科，曹丽. 未成年在押人员的内隐攻击性研究 [J]. 心理研究，2016，9（6）：67-72.

[189]　赵锦哲，王莹，李驰宇，等. 羞怯对相对剥夺感的影响：偏执和社会比较的中介作用 [J]. 中国临床心理学杂志，2019，27（3）：591-594.

[190] 郑美娟，秦玉友，李维，等.谁的相对剥夺感更高：基于 12 省份 1590 名农村教师调查的实证分析 [J].教育科学研究，2019（8）：86-92.

[191] 郑杭生，李路路.当代中国城市社会结构：现状与趋势 [M].北京：中国人民大学出版社，2004.

[192] 郑永君.青少年社区矫正对象的社会支持及其影响因素 [J].青年探索，2016（5）：80-87.

[193] 郑日昌.编制心理量表须注意的几个问题 [J].中国心理卫生杂志，2009，23（11）：761-762.

[194] 钟景迅，黄斌.学生社会经济地位的概念、测量及其应用研究综述 [J].全球教育展望，2012，41（12）：31-39.

[195] 钟伟芳.积极心理资本对服刑人员攻击性的影响：自尊和冲动性的链式中介作用 [J].中国监狱学刊，2020，35（5）：102-106.

[196] 周林刚，冯建华.社会支持理论：一个文献的回顾 [J].广西师范学院学报，2005（3）：11-14，20.

[197] 周晓菁.老年社区矫正对象社会融入的社会工作介入研究：以 S 市 C 街道为例 [D].成都：西华大学，2020.

[198] 朱婵媚.不同攻击情境下内隐攻击性特征的实验研究 [D].广州：华南师范大学，2007.

[199] 朱永新，袁振国.政治心理学 [M].北京：知识出版社，1990.

[200] 朱力.中外移民社会适应的差异性与共同性 [J].南京社会科学，2010（10）：87-93.

[201] 邹屹峰.关于对交付执行期间社区服刑人员提请撤销缓刑主体问题的思考 [J].中国司法，2019（8）：75-77.

[202] 沈海英.农村社区服刑人员心理健康状况的调查研究 [J].中国司法，2011（6）：82-85.

[203] 王兴超，杨继平，杨力.道德推脱与攻击行为关系的元分析 [J].心理

科学进展, 2014, 22（7）: 1092-1102.

[204] 邱林, 郑雪, 王雁飞. 积极情感消极情感量表 (PANAS) 的修订 [J]. 应用心理学, 2008, 14（3）: 249-254.

[205] 肖武平. 罪犯心理危机干预中积极心理要素的构建 [J]. 犯罪研究, 2018,（5）: 38-42.

[206] 李华芳, 刘春琴, 厉萍. 积极情绪在精神科护士心理弹性与职业倦怠关系中的中介作用 [J]. 中华护理杂志, 2015, 50（9）: 1083-1086.

[207] 王玉花, 孙兵. 留守初中生心理弹性在歧视知觉和社会疏离感间的中介作用 [J]. 中国学校卫生, 2018, 39（2）: 292-295.

[208] 韩黎, 袁纪玮, 龙艳. 苔花盛开如牡丹: 农村留守儿童负性生活事件与心理健康的关系 [J]. 心理发展与教育, 2021, 37（2）: 266-274.

[209] 汪明亮. 以一种积极的刑事政策预防弱势群体犯罪: 基于西方社会支持理论的分析 [J]. 社会科学, 2010, 6: 86-93.

[210] 苏志强, 张大均, 王鑫强, 等. 大学生公正世界信念和亲社会倾向的关系研究 [J]. 中华行为医学与脑科学杂志, 2012, 21（5）: 433-435.

[211] 王宁. 相对剥夺感: 从横向到纵向: 以城市退休老人对医疗保障体制转型的体验为例 [J]. 西北师大学报 (社会科学版), 2007, 44（4）: 19-25.

[212] 张丽. 积极心理学视域下未成年犯刑罚社会化的趋向 [J]. 北京警察学院学报, 2017, 5: 88-92.

[213] 陈礼松, 汪承诺, 陶杰. 老病残罪犯积极心理矫正项目构建研究 [J]. 中国监狱学刊, 2020, 35（4）: 81-85.

[214] 钱利, 吴吉惠. 积极心理治疗在我国社区矫正的应用 [J]. 法制与社会, 2017,（3）: 280-281.

[215] 徐西良, 杨立昊, 崔小蕊, 等. 积极心理团体辅导对男服刑人员抑郁症状的矫正效果 [J]. 中国健康心理学杂志, 2020, 28（3）: 152-156.

[216] 李强. 农民工与中国社会分层 [M]. 北京: 社会科学文献出版社,

2004.

[217] ABRAMS D, GRANT P R. Testing the Social Identity Relative Deprivation (SIRD) Model of Social Change: The Political Rise of Scottish Nationalism[J]. *British Journal of Social Psychology*, 2012, 51 (4): 674–689.

[218] ADAMS J S. Inequity in Social Exchange[J]. *Advances in Experimental Social Psychology*, 1965, 2: 267–299.

[219] ADAMS J S, FREEDMAN S. Equity Theory Revisited: Comments and Annotated Bibliography[J]. *Advances in Experimental Social Psychology*, 1976 (9): 43–90.

[220] ADLER N E, EPEL E S, CASTELLAZZO G, et al. Relationship of Subjective and Objective Social Status with Psychological and Physiological Functioning: Preliminary Data in Healthy White Women[J]. *Health Psychology*, 2000, 19 (6): 586–592.

[221] ANO G G, VASCONCELLES E B. Religious Coping and Psychological Adjustment to Stress: A Meta−Analysis[J]. *Journal of Clinical Psychology*, 2005, 61 (4): 461–480.

[222] APPELGRYN A E M, NIEUWOUDT J M. Relative Deprivation and the Ethnic Attitudes of Blacks and Afrikaans−Speaking Whites in South Africa[J].*The Journal of Social Psychology*, 1988, 128 (3): 311–323.

[223] APPELGRYN A E M, BORNMAN E. Relative Deprivation in Contemporary South Africa[J]. *Journal of Social Psychology*, 1996, 136 (3): 381–397.

[224] ARCHER J. Does Sexual Selection Explain Human Sex Differences in Aggression?[J].*Behavioral and Brain Sciences*, 2009, 32 (3/4): 249–266.

[225] AUERBACH R P, BIGDA−PEYTON J S, EBERHART N K, et al.

Conceptualizing the Prospective Relationship Between Social Support, Stress, and Depressive Symptoms Among Adolescents[J]. *Journal of Abnormal Child Psychology*, 2011, 39（4）: 475-487.

[226] BAHR S J, HARRIS L, FISHER J K , et al. Successful Reentry: What Differentiates Successful and Unsuccessful Parolees?[J]. *International Journal of Offender Therapy and Comparative Criminology*, 2010, 54（5）: 667-692.

[227] BANDURA A, CAHILL E. Social Foundations of Thought and Action: a Social Cognitive Theory[J]. *Contemporary Sociology a Journal of Reviews*, 1987, 16（1）: 12.

[228] BANDURA A.Moral Disengagement in the Perpetration of Inhumanities[J]. *Peraonality and Social Psychology Review*, 1999, （3）: 193-209.

[229] BARES K J , MOWEN T J. Examining the Parole Officer as a Mechanism of Social Support During Reentry from Prison[J]. *Crime & Delinquency*, 2020, 66（6/7）: 1023-1051.

[230] KIRSTIN B, KAY B. Individual and Collective Social Cognitive Influences on Peer Aggression: Exploring the Contribution of Aggression Efficacy, Moral Disengagement, and Collective Efficacy[J]. *Aggressive Behavior*, 2011, 37（2）: 107-120.

[231] BESHAI S, MISHRA S, MEADOWS T J S, et al. Minding the Gap: Subjective Relative Deprivation and Depressive Symptoms[J]. *Social Science & Medicine*, 2017, 173: 18-25.

[232] BESHAI S, MISHRA S, CARLETON R N, et al. Personal Relative Deprivation Associated with Functional Disorders Via Stress: An Examination of Fi-bromyalgia and Gastrointestinal Symptoms[J]. *PLoS One*, 2017, 12（12）: e0189666.

[233] BERG M T, HUEBNER B M. Reentry and the Ties That Bind: An

Examination of Social Ties, Employment, and Recidivism[J]. *Justice Quarterly*, 2011, 28（2）: 382-410.

[234] BERNBURG J G, THORLINDSSON T, SIGFUSDOTTIR I D. Relative Deprivation and Adolescent Outcomes in Iceland: A Multilevel Test[J]. *Social Forces*, 2009, 87（3）: 1223-1250.

[235] BIRT C M, DION K L. Relative DeprivationⅡTheory and Responses to Discrimination in a Gay Male and Lesbian Sample[J]. *British Journal of Social Psychology*, 1987, 26: 139-145.

[236] BLACK A E, DECI E L. The Effects of Instructors' Autonomy Support and Students' Autonomous Motivation on Learning Organic Chemistry: A Self-Determination Theory Perspective[J]. *Science Education*, 2000, 84（6）: 740-756.

[237] BOUGIE E, USBORNE E, DE LA SABLONNIERE R, et al. The Cultural Narratives of Francophone and Anglophone Quebecers: Using a Historical Perspective to Explore the Relationships Among Collective Relative Deprivation, in-Group Entitativity, and Collective Esteem[J]. *British Journal of Social Psychology*, 2011, 50（4）: 726-746.

[238] BRADLEY R H, CORWYN R F. Socioeconomic Status and Child Development[J]. *Annual Review of Psychology*, 2002, 53（1）: 371-399.

[239] BREMER B A, MOORE C T, BOURBON B M, et al. Perceptions of Control, Physical Exercise, and Psychological Adjustment to Breast Cancer in South African Women[J]. *Annals of Behavioral Medicine*, 1997, 19（1）: 51-60.

[240] BROWNFIELD D, THOMPSON K. Self-Concept and Delinquency: The Effects of Reflected Appraisals by Parents and Peers[J]. *Western Criminology Review*, 2005, 6（1）: 22-29.

[241]   BUSS A H, PERRY M. The Aggression Questionnaire[J]. *Journal of Personality and Social Psychology*, 1992, 63（3）: 452-459.

[242]   CALLAN M J, WILL S N, OLSON J M, et al. Personal Relative Deprivation, Delay Discounting, and Gambling[J]. *Journal of Personality and Social Psychology*, 2011, 101（5）: 955-973.

[243]   CALLAN M J, KIM H, MATTHEWS W J. Predicting Self-Rated Mental and Physical Health: The Contributions of Subjective Socioeconomic Status and Personal Relative Deprivation[J]. *Frontiers in Psychology*, 2015, 6: 1415.

[244]   CALLAN M J , KIM H , MATTHEWS W J. Age Differences in Social Comparison Tendency and Personal Relative Deprivation[J]. *Personality and Individual Differences*, 2015, 87: 196-199.

[245]   CALLAN M J, KIM H, GHEORGHIU A I, et al. The Interrelations Between Social Class, Personal Relative Deprivation, and Prosociality[J]. *Social Psychological and Personality Science*, 2017, 8（6）: 660-669.

[246]   CAPRARA G V, ALESSANDRI G, TISAK M S, et al. Individual Differences In Personality Conducive To Engagement In Aggression And Violence[J]. *European Journal of Personality*, 2013, 27（3）: 290-303.

[247]   CAPRARA G V, TISAK M S, ALESSANDRI G, et al. The Contribution of Moral Disengagement in Mediating Individual Tendencies Toward Aggression and Violence[J]. *Developmental Psychology*, 2014, 50（1）: 71-85.

[248]   CHEN X Y, WANG L, CAO R X. Shyness-Sensitivity and Unsociability in Rural Chinese Children: Relations with Social, School, and Psychological Adjustment[J]. *Child Development*, 2011, 82（5）: 1531-1543.

[249] CHEN J B, CAO J, FU S Y, et al. Associations Between Relative Deprivation and Life Satisfaction During the COVID-19 Lockdown: Results of Serial Mediation Analyses[J]. *Frontiers in Psychology*, 2022, 13: 725373.

[250] COBBINA J E. Reintegration Success and Failure: Factors Impacting Reintegration Among Incarcerated and Formerly Incarcerated Women[J]. *Journal of Offender Rehabilitation*, 2010, 49（3）: 210-232.

[251] COCHRAN J C. Breaches in The Wall: Imprisonment, Social Support, and Recidivism[J]. *Journal of Research in Crime and Delinquency*, 2014, 51（2）: 200-229.

[252] COHEN S, WILLS T A. Stress, Social Support, and the Buffering Hypothesis[J]. *Psychological Bulletin*, 1985, 98（2）: 310-357.

[253] COLLINS R L. For Better or Worse: The Impact of Upward Social Comparison on Self-Evaluations[J]. *Psychological Bulletin*, 1996, 119（1）: 51-69.

[254] COLLINS L M, LANZA S T.*Latent Class and Latent Transition Analysis*[M].New York: John Wiley & Sons, lnc, 2010.

[255] CONNOR K M, DAVIDSON J R T, LI-CHING LEE. Spirituality, Resilience, and Anger in Survivors of Violent Trauma: A Community Survey[J]. *Journal of Traumatic Stress*, 2003, 16: 487-494.

[256] CORREIA I, KAMBLE S V, DALBERT C. Belief in a Just World and Well-Being of Bullies, Victims and Defenders: A Study with Portuguese and Indian Students[J]. *Anxiety, Stress & Coping*, 2009, 22（5）: 497-508.

[257] CROSBY F. A Model of Egoistical Relative Deprivation[J]. *Psychological Review*, 1976, 83（2）: 85-113.

[258] DAVIS J A. A Formal Interpretation of The Theory of Relative

Deprivation[J]. *Sociometry*, 1959, 22（4）: 280–296.

[259] DAVIS C, BAHR S J, WARD C. The Process of Offender Reintegration: Perceptions of What Helps Prisoners Reenter Society[J]. *Criminology & Criminal Justice*, 2013, 13（4）: 446–469.

[260] DAVIS A N, CARLO G, SCHWARTZ S J, et al. The Longitudinal Associations Between Discrimination, Depressive Symptoms, and Prosocial Behaviors in U.S. Latino/a Recent Immigrant Adolescents[J]. *Journal of Youth & Adolescence*, 2016, 45（3）: 457–470.

[261] DEBERARD M S, MASTERS K S. Psychosocial Correlates of the Short-Form-36 Multidimensional Health Survey in University Students[J]. *Psychology*, 2014, 5: 941–949.

[262] DELGADO M Y, NAIR R L, UPDEGRAFF K A, et al. Discrimination, Parent-Adolescent Conflict, and Peer Intimacy: Examining Risk and Resilience in Mexican-Origin Youths' Adjustment Trajectories[J]. *Child Development*, 2019, 90（3）: 894–910.

[263] DEMAKAKOS P, NAZROO J, BREEZE E, et al. Socioeconomic Status and Health: The Role of Subjective Social Status[J]. *Social Science & Medicine*, 2008, 67（2）: 330–340.

[264] DETERT J R, TREVIÑO L K, SWEITZER V L.Moral Disengagement in Ethical Decision Making: A Study of Antecedents and Outcomes[J]. *Journal of Applied Psychology*, 2008, 93（2）: 374–391.

[265] DEUTSCH L J, ERICKSON M T. Early Life Events as Discriminators of Socialized and Undersocialized Delinquents[J]. *Journal of Abnormal Child Psychology*, 1989, 17（5）: 541–551.

[266] ELGAR F J, CANALE N, WOHL M J A, et al. Relative Deprivation and Disordered Gambling in Youths[J]. *Journal of Epidemiology & Community Health*, 2018, 72（7）: 589–594.

[267] FESTINGER L. A Theory of Social Comparison Processes [J]. *Human Relations*, 1954, 7（2）: 117–140.

[268] FEINBERG R A , POWELL A , MILLER F G. Control and Belief in the Just World: What'S Good Also Can be Bad[J]. *Social Behavior & Personality: an International Journal*, 1982, 10（1）: 57–61.

[269] FUHRER R, STANSFELD S A, CHEMALI J, et al. Gender, Social Relations and Mental Health: Prospective Findings from an Occupational Cohort（Whitehall Ⅱ Study）[J]. *Social Science & Medicine*, 1999, 48（1）: 77–87.

[270] GOODMAN E, ADLER N E, DANIELS S R, et al. Impact of Objective and Subjective Social Status on Obesity in a Biracial Cohort of Adolescent[J]. *Obesity Research*, 2003, 11（8）: 1018–1026.

[271] GRANT P R. The Protest Intentions of Skilled Immigrants With Credentialing Problems: A Test of A Model Integrating Relative Deprivation Theory with Social Identity Theory[J]. *British Journal of Social Psychology*, 2008, 47（4）: 687–705.

[272] GREENWALD A G, MCGHEE D E, SCHWARTZ J L. Measuring Individual Differences in Implicit Cognition: The Implicit Association Test[J]. *Journal of Personality and Social Psychology*, 1998, 74（6）: 1464–1480.

[273] GREITEMEYER T, SAGIOGLOU C. Increasing Wealth Inequality May Increase Interpersonal Hostility: The Relationship Between Personal Relative Deprivation and Aggression[J]. *The Journal of Social Psychology*, 2017, 157（6）: 766–776.

[274] GREITEMEYER T, SAGIOGLOU C. The Impact of Personal Relative Deprivation on Aggression Over Time[J]. *The Journal of Social Psychology*, 2019, 159（6）: 664–675.

[275] GTMEZ A, MORCL G. Socio-Economic Status and Life Satisfaction in Turkey[J]. *Social Indicators Research*, 1994, 31: 77-98.

[276] GURR T R. *Why Men Rebel*[M]. Princeton: Princeton University Press, 1970.

[277] HAFER C L, CORREY B L. Mediators of the Relation Between Beliefs in a Just World and Emotional Responses to Negative Out-comes[J]. *Social Justice Research*, 1999, 12（3）: 189-204.

[278] HAFER C L. Investment in Long-Term Goals and Commitment to Just Means Drive the Need to Believe in a Just World[J]. *Personality and Social Psychology Bulletin*, 2000, 26（9）: 1059-1073.

[279] HALEVY N, CHOU E Y, BORNSTEING, et al. Relative Deprivation and Intergroup Competition[J]. *Group Processes & Intergroup Relations*, 2010, 13（6）: 685-700.

[280] HATZENBUEHLER M L. How does Sexual Minority Stigma "Get Under The Skin"? A Psychological Mediation Framework[J]. *Psychological Bulletin*, 2009, 135（5）: 707-730.

[281] HENDERSON, TAJA-NIA Y. New Frontiers in Fair Lending: Confronting Lending Discrimination Against Ex-offenders[J]. *New York University Law Review*, 2005, 80: 1237-1271.

[282] HOLAHAN C J, VALENTINER D P, MOOS R H. Parental Support, Coping Strategies, and Psychological Adjustment: An Integrative Model with Late Adolescents[J]. *Journal of Youth and Adolescence*, 1995, 24（6）: 633-648.

[283] HOLMES T H, RAHE R H. The Social Readjustment Rating Scale[J]. *Joúnal of Psychsomatic Research*, 1967, 11（2）: 213-218.

[284] HOUTZAGER B A, GROOTENHUIS M A, CARON H N, et al. Quality of Life and Psychological Adaptation in Siblings of Paediatric

Cancer Patients, 2 Years After Diagnosis[J]. *Psycho-Oncology*, 2004, 13（8）: 499–511.

[285] JUVONEN J, NISHINA A, GRAHAM S. Peer Harassment, Psychological Adjustment, and School Functioning in Early Adolescence[J]. *Journal of Educational Psychology*, 2000, 92（2）: 349–359.

[286] KASSAB Y, ISEMANN S D, HALBEISEN G, et al. How Relative Deprivation Increases Aggressive Behavior: Exploring the Moderating Roles of Resource Scarcity, Deprivation Intensity, and Sanctions in a Game Task[J]. *Aggressive Behavior*, 2020, 47（2）: 215–225.

[287] KAWAKAMI K, DION K L. The Impact of Salient Self-identities on Relative Deprivation and Action Intentions[J]. *European Journal of Social Psychology*, 1993, 23（5）: 525–540.

[288] KIM H, CALLAN M J, GHEORGHIU A I, et al. Social Comparison, Personal Relative Deprivation, and Materialism[J]. *British Journal of Social Psychology*, 2017, 56（2）: 373–392.

[289] KOENIG A L, CICCHETTI D, ROGOSCH F A. Moral Development: The Association Between Maltreatment and Young Children's Prosocial Behaviors and Moral Transgressions[J]. *Social Development*, 2004, 13（1）: 87–106.

[290] KOHLBERG L, KRAMER R. Continuities and Discontinuities in Childhood and Adult Moral Development[J]. *Human Development*, 1969, 12（2）: 93–120.

[291] KOLB S M , HANLEY-MAXWELL C. Critical Social Skills for Adolescents with High Incidence Disabilities: Parental Perspectives[J]. *Exceptional Children*, 2003, 69（2）: 163–179.

[292] KONDO N, SEMBAJWE G, KAWACHI I, et al. Income Inequality, Mortality, and Self Rated Health: Meta-Analysis of Multilevel

Studies[J]. *British Medical Journal*, 2009, 339（7731）: b4471.

[293] KOOMEN W, FRÄNKEL E G. Effects of Experienced Discrimination and Different Forms of Relative Deprivation Among Surinamese, a Dutch Ethnic Minority Group[J]. *Journal of Community & Applied Social Psychology*, 1992, 2（1）: 63–71.

[294] KRAUS M W, PIFF P K, KELTNER D. Social Class, Sense of Control, and Social Explanation[J]. *Journal of Personality and Social Psychology*, 2009, 97（6）: 992–1004.

[295] KUO C T, CHIANG T L. The Association Between Relative Deprivation and Self–Rated Health, Depressive Symptoms, and Smoking Behavior in Taiwan[J]. *Social Science & Medicine*, 2013, 89: 39–44.

[296] LEHTI J. Theory of Psychological Adaptive Modes[J]. *Medical Hypotheses*, 2016, 90: 66–73.

[297] LERNER M J. Evaluation of Performance as A Function of Performer's Reward and Attractiveness[J]. *Journal of Personality and Social Psychology*, 1965, 1: 355–360.

[298] LERNER R M. Developmental Science, Developmental Systems, and Contemporary Theories of Human Development[M]. *American Cancer Society*, 2007.

[299] LHILA A, SIMON K I. Relative Deprivation and Child Health in the USA[J]. *Social Science & Medicine*, 2010, 71（4）: 777–785.

[300] LIPKUS I M. The Importance of Distinguishing the Belief in a Just World For Self Versus Others: Implications for Psychological Well–Being[J]. *Personality and Social Psychology Bulletin*, 1996, 22（7）: 666–677.

[301] LITTRELL J, BECK E. Perceiving Oppression: Relationships with Resilience, Self–Esteem, Depressive Symptoms, and Reliance on God in African–American Homeless Men[J]. *Journal of Sociology and Social*

Welfare, 1999, 26: 137-158.

[302] LIU Y Q, ZHANG F Z, LIU Y, et al. Economic Disadvantages and Migrants' Subjective Well-Being in China: The Mediating Effects of Relative Deprivation and Neighbourhood Deprivation[J]. *Population, Space and Place*, 2019, 25（2）: 2173.

[303] LYU S, SUN J. How Does Personal Relative Deprivation Affect Mental Health Among the Older Adults in China? Evidence from Panel Data Analysis[J]. *Journal of Affective Disorders*, 2020, 277: 612-619.

[304] MAJOR B, QUINTON W J, MCCOY S K.Antecedents and Consequences of Attributions to Discrimination: Theoretical and Empirical Advances[J]. *Advances in Experimental Social Psychology*, 2002, 34: 251-330.

[305] MAES J, KALS E.Justice Belief in School: Distinguishing Ultimate and Immanent Justice[J].*Social Justice Research*, 2002, 15（3）: 227-244.

[306] MARCHAND A, BLANC M-È. Occupation, Work Organisation conditions and the Development of Chronic Psychological Distress[J]. *Work*, 2010, 40（4）: 425-435.

[307] MARTINEZ D J, ABRAMS L S. Informal Social Support Among Returning Young Offenders[J]. *International Journal of Offender Therapy and Comparative Criminology*, 2013, 57（2）: 169-190.

[308] MARSH S C, EVANS W P. Youth Perspectives on Their Relationships with Staff in Juvenile Correctional Settings and Perceived Likelihood of Success on Release[J]. *Youth Violence and Juvenile Justice*, 2009, 7（1）: 46-67.

[309] MCLAUGHLIN K A, COSTELLO E J, LEBLANC W, et al. Socioeconomic Status and Adolescent Mental Disorders[J]. *American Journal of Public Health*, 2012, 102（9）: 1742-1750.

[310] MERTON R K. *Social Theory and Social Structure*[M]. New York: Free Press, 1957.

[311] MISHRA S, NOVAKOWSKI D. Personal Relative Deprivation and Risk: An Examination of Individual Differences in Personality, Attitudes, and Behavioral Outcomes[J]. *Personality and Individual Differences*, 2016, 90: 22-26.

[312] MISHRA S, CARLETON R N. Subjective Relative Deprivation is Associated with Poorer Physical and Mental Health[J]. *Social Science & Medicine*, 2015, 147: 144-149.

[313] MOORE D. Perceptions of Sense of Control, Relative Deprivation, and Expectations of Young Jews and Palestinians in Israel[J]. *The Journal of Social Psychology*, 2003, 143（4）: 521-540.

[314] MOWEN T J, BOMAN J H. Do We Have it All Wrong? The Protective Roles of Peers and Criminogenic Risks from Family During Prison Reentry[J]. *Crime & Delinquency*, 2019, 65（5）: 681-704.

[315] MURRAY C, LOMBARDI A, BENDER F, et al. Social Support: Main and Moderating Effects on The Relation Between Financial Stress and Adjustment Among College Students With Disabilities[J]. *Social Psychology of Education*, 2013, 16（2）: 277-295.

[316] NEZLEK J B, WESSELMANN E D, WHEELER L, et al. Ostracism in Everyday Life: The Effects of Ostracism on Those Who Ostracize[J]. *The Journal of Social Psychology*, 2015, 155（5）: 432-451.

[317] OLSON J M, ROESESC N J, MEEN J, et al. The Preconditions and Consequences of Relative Deprivation: Two Field Studies[J]. *Journal of Applied Social Psychology*, 1995, 25（11）: 944-964.

[318] OSBORNE D, SMITH H J, HUO Y J. More Than a Feeling: Discrete Emotions Mediate the Relationship Between Relative Deprivation and

Reactions to Workplace Furloughs[J]. *Personality and Social Psychology Bulletin*, 2012, 38（5）: 628-641.

[319] OSBORNE D, SIBLEY C G. Through Rose-Colored Glasses: System-Justifying Beliefs Dampen the Effects of Relative Deprivation on Well-Being and Political Mobilization[J]. *Personality and Social Psychology Bulletin*, 2013, 39（8）: 991-1004.

[320] OTTO K, DALBERT C.Belief in a Just World and its Functions for Young Prisoners[J].*Journal of Research in Personality*, 2005, 39（6）: 559-573.

[321] OTTO K, SEHMIDT S.Dealing with Stress in The Workplace: Compensatory Effects of Belief in a Just World[J].*European Psychologist*, 2007, 12（4）: 272-282.

[322] PACIELLO M, FIDA R, TRAMONTANO C, et al. Stability and Change of Moral Disengagement and its Impact on Aggression and Violence in Late Adolescence[J]. *Child Development*, 2008, 79（5）: 1288-1309.

[323] PEARLIN L I, SCHOOLER C. The Structure of Coping[J]. *Journal of Health and Social Behavior*, 1978, 19（1）: 2-21.

[324] PETTIGREW T F. *Summing up*: *Relative Deprivation as a Key Social Psychology Concept*[M]//Walker I, Smith H J. *Relative Deprivation*: *Specification, Development and Integration*. New York: Cambridge University Press, 2002.

[325] PETTIGREW T F, CHRIST O, WAGNER U, et al. Relative Deprivation and Intergroup Prejudice[J]. *Journal of Social Issues*, 2008, 64（2）, 385-401.

[326] PLEGGENKUHLE B, HUEBNER B, KRAS K R. Solid Start: Supportive Housing, Social Support, and Reentry Transitions[J]. *Journal*

of Crime and Justice, 2016, 39（3）: 380–397.

[327] REICH J W, INFURN F J. *Perceived Control: Theory, Research, and Practice in the First 50 Years*[M]. New York: Oxford University Press, 2017.

[328] RUBIN K H, DWYER KM, BOOTH-LAFORCE C, et al. Attachment, Friendship, and Psychosocial Functioning in Early Adolescence[J]. *The Journal of Early Adolescence*, 2004, 24（4）: 326–356.

[329] RUNCIMAN W G. *Relative Deprivation and Social Justice*[M]. London: Routledge, 1966.

[330] RUNCIMAN W G. Problems of Research on Relative Deprivation[J]. *European Journal of Sociology*, 1961, 2（2）: 315–323.

[331] SARASON B R, PIERCE G R, SHEARIN E N, et al. Perceived Social Support and Working Models of Self And Actual Others[J]. *Journal of Personality and Social Psychology*, 1991, 60（2）: 273–287.

[332] SCHMITT M, MAES J. Stereotypic Ingroup Bias as Self-Defense Against Relative Deprivation: Evidence from A Longitudinal Study of The German Unification Process[J]. *European Journal of Social Psychology*, 2002, 32（3）: 309–326.

[333] SCHMITT D P, PILCHER J J. Evaluating Evidence of Psychological Adaptation: How do We Know One When We See One?[J].*Psychological Science*, 2004, 15（10）: 643–649.

[334] SCHMITT M, MAES J, WIDAMAN K. Longitudinal Effects of Egoistic and Fraternal Relative Deprivation on Well-Being and Protest[J]. *International Journal of Psychology*, 2010, 45（2）: 122–130.

[335] SEN J, PAL D P. Changes in Relative Deprivation and Social Well-Being[J]. *International Journal of Social Economics*, 2013, 40（6）:

528–536.

[336]   SELIGMAN E P. *Authentic Happiness*: *Using the New Positive Psychology to Realize Your Potential for Lasting Fulfillment*[M]. New York: Free press, 2002.

[337]   SMITH H J, PETTIGREW T F, PIPPIN G M, et al. Relative Deprivation: A Theoretical and Meta–Analytic Review[J]. *Personality and Social Psychology Review*, 2012, 16（3）, 203–232.

[338]   SMITH H J, HUO Y J. Relative Deprivation: How Subjective Experiences of Inequality Influence Social Behavior and Health[J]. *Policy Insights from the Behavioral and Brain Sciences*, 2014, 1（1）: 231–238.

[339]   SMITH H J , PETTIGREW T F. The Subjective Interpretation of Inequality: A Model of The Relative Deprivation Experience[J]. *Social and Personality Psychology Compass*, 2014, 8（12）: 755–765.

[340]   SMITH H J, RYAN D A , JAURIQUE A. et al. Personal Relative Deprivation and Mental Health Among University Students: Cross-Sectional and Longitudinal Evidence[J]. *Analyses of Social Issues and Public Policy*, 2020, 20（1）: 278–314.

[341]   STILES B L, LIU X R, KAPLAN H B. Relative Deprivation and Deviant Adaptations: the Mediating Effects of Negative Self–Feelings[J]. *Journal of Research in Crime & Delinquency*, 2000, 37（1）: 64–90.

[342]   STOUFFER S A, SUCHMAN E A, DEVINNEY L C, et al. The American Soldier: Adjustment During Army Life. Volume I[J]. *JAMA*: *The Journal of the American Medical Association*, 1949, 140（14）: 1189.

[343]   TABBAH R, MIRANDA H, WHEATON J E. Self–Concept in Arab American Adolescents: Implications of Social Support and Experiences in

the Schools[J]. *Psychology in the Schools*, 2012, 49（9）: 817–827.

[344] TOUGAS F, RINFRET N, BEATON A M, et al. Policewomen Acting in Self–Defense: Can Psychological Disengagement Protect Self–Esteem from The Negative Outcomes of Relative Deprivation?[J] *Journal of Personality and Social Psychology*, 2005, 88（5）: 790–800.

[345] TURLEY R N L. Is Relative Deprivation Beneficial? The Effects of Richer and Poorer Neighbors on Children's Outcomes[J]. *Journal of Community Psychology*, 2002, 30（6）: 671–686.

[346] TWENGE J M, BAUMEISTER R F, TICE D M, et al. If You Can't Join Them, Beat Them: Effects of Social Exclusion on Aggressive Behavior[J]. *Journal of Personality and Social Psychology*, 2001, 81（6）: 1058–1069.

[347] ZAGEFKA H, BROWN R. Comparisons and Perceived Deprivation in Ethnic Minority Settings[J]. *Personality and Social Psychology Bulletin*, 2005, 31: 467–482.

[348] ZAGEFKA H, BINDER J, BROWN R, et al. Who is to Blame? The Relationship Between Ingroup Identification and Relative Deprivation is Moderated by Ingroup Attributions[J]. *Social Psychology*, 2013, 44（6）: 398–407.

[349] ZHANG S W, WANG E P, CHEN Y W. Relative Deprivation Based on Occupation: An Effective Predictor of Chinese Life Satisfaction[J]. *Asian Journal of Social Psychology*, 2011, 14（2）, 148–158.

[350] ZHANG J, TAO M K. Relative Deprivation and Psychopathology of Chinese College Students[J].*Journal of Affective Disorders*, 2013, 150（3）: 903–907.

[351] ZIMET G D, DAHLEM N W SARA Z, et al. The Mutidimensional Scale of Perceived Social Support[J]. *Journal of Personality Assessment*,

1988, 52（1）：30.

[352] ZOOGAH D B. Why Should I be Left Behind? Employees' Perceived Relative Deprivation and Participation in Development Activities[J]. *Journal of Applied Psychology*, 2010, 95（1）：159–173.

[353] XIONG M, YE Y D. The Concept, Measurement, Influencing Factors And Effects of Relative Deprivation[J]. *Advances in Psychological Science*, 2016, 24（3）：438.

[354] VAN ZOMEREN M, POSTMES T, SPEARS R. Toward an Integrative Social Identity Model of Collective Action: A Quantitative Research Synthesis of Three Socio–Psychological Perspectives[J]. *Psychological Bulletin*, 2008, 134（4）：504–535.

[355] WALKER I, PETTIGREW T F. Relative Deprivation Theory: An Overview and Conceptual Critique[J]. *British Journal Of Social Psychology*, 1984, 23（4）：301–310.

[356] WALKER I. Effects of Personal and Group Relative Deprivation on Personal and Collective Self–Esteem[J].*Group Processes & Intergroup Relations*, 1999, 2（4）：365–380.

[357] WALKER I, SMITH H J. *Relative Deprivation: Specification, Development, and Integration*[M]. New York: Cambridge University Press, 2002.

[358] WANG T, SHA H. The Influence of Social Rejection on Cognitive Control[J]. *Psychology*, 2018, 9（7）：1707–1719.

[359] WARD A, MANN C. Don't Mind if I Do: Disinhibited Eating under Cognitive Load[J]. *Journal of Personality and Social Psychology*, 2000, 78（4）：753–763.

[360] WEBBER C. Rediscovering the Relative Deprivation and Crime Debate: Tracking its Fortunes from Left Realism to the Precariat[J]. *Critical*

Criminology，2021：1–27.

[361] WERNER E E. Risk, Resilience, and Recovery: Perspectives from the Kauai Longitudinal Study[J]. *Development and Psychopathology*，1993，5（4）：503–515.

[362] WALKER I，PETTIGREW T F. Relative Deprivation Theory: an Overview and Conceptual Critique[J]. *British Journal of Social Psychology*，1984，23（4）：301–310.

[363] WALKER L，MANN L. Unemployment, Relative Deprivation, and Social Protest[J]. *Personality and Social Psychology Bulletin*，1987，13（2）：275–283.

[364] WILKS S E，SPIVEY C A. Resilience in Undergraduate Social Work Students: Social Support and Adjustment to Academic Stress[J]. *Social Work Education*，2010，29（3）：276–288.

[365] WILLS T A. Downward Comparison Principles in Social Psychology[J]. *Psychological Bulletin*，1981，90（2）：245–271.

[366] WILSON T D，LINDSEY S，SCHOOLER T Y. A Model of Dual Attitudes[J]. *Psychological Review*，2000，107（1）：101–126.

[367] SELIGMAN M E P，CSIKSZENTMIHALYI M. Positive Psychology: an Introduction[J].*American Psychologist*，2000，55：5–14.

[368] GERMEZY N C. Children in Poverty: Resilience Despite Risk[J]. *Psychiatry*，1993，56：127–136.

[369] VANNEMAN R，PETTIGREW T F. Race and Relative Deprivation in the urban United States[J]. *Race and Class*，1972，13：461–486.

[370] CALDEIRA S，TIMMINS F. Resilience: Synthesis of Concept Analyses and Contribution to Nursing Classifications[J].*International Nursing Review*，2016，63（2）：191–199.

[371] ZOOGAH D B. Why Should I be Left Behind? Employees' Perceived

Relative Deprivation and Participation in Development Activities[J]. *Journal of Applied Psychology*, 2010, 95: 159-179.

[372]　ZAGEFKA H, BINDER J, BROWN R, et al. Who is to Blame? The Relationship Between Ingroup Identification and Relative Deprivation is Moderated by Ingroup Attributions[J].*Social Psychology*, 2013, 44（6）: 398-407.

[373]　DE LA SABLONNÈRE R, TATLOR D M, PEROZZO C, et al. Reconceptualizing Relative Deprivation in the Context of Dramatic Social Change: The Challenge Confronting the People of Kyrgyzstan[J]. *European Journal of Social Psychology*, 2009, 39: 325-345.

[374]　GREENWALD A G, BANAJI M R.Implicit Social Cognition.Attitudes, Self-esteemand Stereotypes[J].*Psychological Review*, 1995, 102(1): 4-27.

附　录

附录 1　访谈提纲

亲爱的朋友，您好！

我们是湖北工程学院的研究人员，现在正在进行一项关于社区矫正对象生活及工作状况的调研工作，您的参与将对我们的研究提供很大的帮助。本次访谈所有资料只用于科学研究，并且未经您本人的允许，您所提供的任何信息都将受到严格保密，所以请您放心回答。感谢您的合作与支持！

\# 基本资料

性别：①男性　②女性

年龄：_____岁

家庭所在地：

①城镇　②农村

婚姻状况：

①未婚　②已婚　③离婚　④丧偶　⑤再婚

\# 访谈题目

1. 目前在社区接受矫正教育和刑事执行，您觉得自己的工作和生活跟之前有哪些显著的变化？对此，您有什么感受？

2. 从开始进入社区矫正到现在，您是否已经适应了现在的状况？有哪些事情让你困扰，又有哪些事情让您感动？

3.同在社区工作生活，跟周围同龄人相比，您有哪些不一样的感受？

4.跟入矫之前自己的工作生活状态相比，您有哪些不一样的感受？

5.（根据被试前面的回答适时提问）现在因为触犯法律在社区服刑，自己的家庭、工作、生活可能发生了一些不好的变化，这些变化对您的心情产生了不好影响。您认为有哪些因素可以帮助自己克服这些不好影响？有哪些因素可能使得这些不好的影响更为加重？

6.社区矫正对象在社区接受监督管理、教育帮扶，依法享有人身权利、财产权利和其他权利不受侵犯，在就业、就学和享受社会保障等方面不受歧视。您是如何看待社会支持网络对您顺利融入社会、预防和减少犯罪发挥的影响和作用？

附录2　被试基本信息调查

性别：①男性　②女性

年龄：_____岁

矫正开始时间：_____年_____月

矫正结束时间：_____年_____月

个人月收入：_____元

家庭所在地：

①城镇　②农村

社区矫正期间，您有工作吗？

①一直有工作　②有时失业　③一直没有工作

婚姻状况：

①未婚　②已婚　③离婚　④丧偶　⑤再婚

本人学历：

①小学及以下　②初中　③高中或中专　④大专或大学　⑤大学以上

父母其中最高学历：

①小学及以下　②初中　③高中或中专　④大专或大学　⑤大学以上

附录3　相对剥夺感正式量表（节选）

指导语：下面是关于你与自己和周围人的比较状况，答案无对错之分，请根据自己的实际情况在1和5的程度之间选择最合适的数字，画上一个"〇"。

1. 和入矫前相比，目前你的经济状况如何？

①非常不好　②不好　③一般　④比较好　⑤非常好

2. 对此你是否感到满意？

①非常不满意　②不满意　③一般　④比较满意　⑤非常满意

3. 和入矫前相比，目前你的工作状况如何？

①非常不好　②不好　③一般　④比较好　⑤非常好

4. 对此你是否感到满意？

①非常不满意　②不满意　③一般　④比较满意　⑤非常满意

5. 和同龄人相比，目前你觉得自己未来发展如何？

①非常不好　②不好　③一般　④比较好　⑤非常好

6. 对此你是否感到满意？

①非常不满意　②不满意　③一般　④比较满意　⑤非常满意

附录 4　影响因素研究所用量表

主观社会经济地位量表

指导语：以下是一个 10 级阶梯，从 1 到 10 级分别对应不同的社会经济地位，请您评定自己位于梯子的哪一级，数字越大，社会经济地位越高，家庭情况越好，生活环境更优越，收入更高。

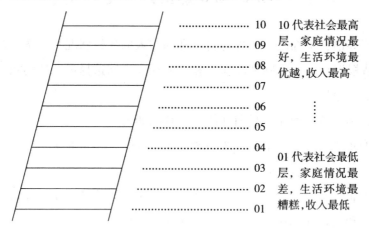

社会排斥量表

指导语：请认真阅读下面的每道题目，并决定你符合的程度。答案无对错之分，请根据自己的实际情况选择最合适的数字，画上一个"○"。

	从　不	少　有	一　般	经常有	总　是
1. 大家相互调侃或打闹时有意无意避开我	1	2	3	4	5
3. 大家不会与我分享心情或交流经验	1	2	3	4	5
5. 我的失误被起哄或毫不客气地批评	1	2	3	4	5
7. 大家一起聊天时，我一加入进去就冷场	1	2	3	4	5

个人控制感量表

指导语：请认真阅读下面的每道题目，并决定你同意的程度。答案无对错之分，请根据自己的实际情况选择最合适的数字，画上一个"○"。

	非常 不同意	不同意	同　意	非常 同意
1. 我不可能解决自己的问题	1	2	3	4
3. 我很少能控制发生在我身上的事情	1	2	3	4
5. 我在解决生活中的问题时经常感觉无能为力	1	2	3	4
7. 我很少能改变自己生活中的一些重要事情	1	2	3	4

附录 5　影响路径研究所用量表

生活满意度量表

指导语：请认真阅读下面的每道题目，并决定你同意的程度。答案无对错之分，请根据自己的实际情况选择最合适的数字，画上一个"○"。

	十分 不符合	比较 不符合	有些 不符合	无法 确定	有些 符合	比较 符合	十分 符合
1. 我的生活在大多数方面都接近于我的理想	1	2	3	4	5	6	7
3. 我对我的生活很满意	1	2	3	4	5	6	7
5. 如果我能再活一次，我基本上不会做任何改变	1	2	3	4	5	6	7

积极 / 消极情感量表

下面这些词汇是形容你最近 1～2 周的情绪状态，请根据自己的实际情况在相应的答案上，画上一个"○"。

	几乎没有	比较少	中等程度	比较多	极其多
1. 活跃的	1	2	3	4	5
3. 兴高采烈的	1	2	3	4	5
5. 欣喜的	1	2	3	4	5
7. 惊恐的	1	2	3	4	5

孤独量表

指导语：下面是关于你的感受，请认真阅读下面的每道题目，并决定符合你生活实际情况的程度。答案无对错之分，请根据自己的实际情况选择最合适的数字，画上一个"○"。

	非常不同意	不同意	同　意	非常同意
1. 我感到一种空虚感	1	2	3	4
3. 我经常感到被他人排挤	1	2	3	4
5. 我有许多可以完全信任的人	1	2	3	4

自尊量表

指导语：下面是关于你的感受，请认真阅读下面的每道题目，并决定你同意的程度。答案无对错之分，请根据自己的实际情况选择最合适的数字，画上一个"○"。

	非常不同意	不同意	同　意	非常同意
1. 我感到我是一个有价值的人，至少与其他人在同一水平上	1	2	3	4
3. 归根到底，我倾向于觉得自己是一个失败者	1	2	3	4
5. 我自己感到值得自豪的地方不多	1	2	3	4
7. 总的来说，我对自己是满意的	1	2	3	4

歧视知觉量表

指导语：请认真阅读下面的每道题目，并决定你符合的程度。答案无对错之分，请根据自己的实际情况选择最合适的数字，画上一个"○"。

	从 不	少 有	一 般	经常有	总 是
1. 因为在社区受矫，我觉得自己受到了不公平的对待	1	2	3	4	5
3. 因为在社区受矫，我觉得与其他人相比，我失去了一些好机会	1	2	3	4	5
5. 总体上，那些像我一样的社区矫正对象失去了很多的机会	1	2	3	4	5

道德推脱量表

指导语：请认真阅读下面的每道题目，并决定你同意的程度。答案无对错之分，请根据自己的实际情况选择最合适的数字，画上一个"○"。

	非常不同意	比较不同意	一 般	比较同意	非常同意
1. 当没有有效的垃圾处理设施时，人们在街上乱丢垃圾就不应该受到谴责	1	2	3	4	5
3. 不去纠正对我们有利的财务错误并不严重，因为那是收钱人的错	1	2	3	4	5
5. 当整个交通行驶都很快时，司机为了保持车距而超速就不应该被处罚	1	2	3	4	5
7. 考虑到乱用公款，逃税漏税就不应该被谴责	1	2	3	4	5

公正世界信念量表

指导语：请认真阅读下面的每道题目，并决定你同意的程度。答案无对错之分，请根据自己的实际情况选择最合适的数字，画上一个"○"。

	非常不同意	比较不同意	有点不同意	有点同意	比较同意	非常同意
1. 我认为这个世界基本上是公正的	1	2	3	4	5	6
3. 我确信公正总是可以战胜不公正	1	2	3	4	5	6
5. 我坚信在生活的各个领域里，不公正是偶然的，而不是必然的	1	2	3	4	5	6
7. 在很大程度上，我相信在我身上发生的事都是我应得的	1	2	3	4	5	6

心理弹性量表

指导语：请认真阅读下面的每道题目，并决定你符合的程度。答案无对错之分，请根据自己的实际情况选择最合适的数字，画上一个"○"。

	从 不	少 有	一 般	经常有	总 是
1. 我能适应变化	1	2	3	4	5
3. 我对自己的成绩感到骄傲	1	2	3	4	5
5. 我感觉能掌控自己的生活	1	2	3	4	5
7. 我能看到事情幽默的一面	1	2	3	4	5

社会支持量表

指导语：请认真阅读下面的每道题目，并决定你符合的程度。答案无对错之分，请根据自己的实际情况选择最合适的数字，画上一个"○"。

	非常不符合	比较不符合	有些不符合	无法确定	有些符合	比较符合	非常符合
1. 在我遇到问题时（司法所干部、亲戚、同学）会出现在我的身旁	1	2	3	4	5	6	7
3. 我的家庭能够切实具体地给我帮助	1	2	3	4	5	6	7
5. 当我有困难时（司法所干部、亲戚、同学）是安慰我的真正源泉	1	2	3	4	5	6	7
7. 在发生困难时我可以依靠我的朋友	1	2	3	4	5	6	7

后　记

这本书凝聚了著者参与社区矫正对象心理矫正工作的思考和总结。"矫其行，正其心"，社区矫正制度符合社会文明进步和刑罚人道化的发展趋势，最终关注的是人性和社会和谐稳定，这点与心理学的研究意义高度契合。正是这次主持湖北省高校哲学社会科学重大研究项目的机会，让我对自己所做的探索工作有了一个较为完整的统合。

感谢湖北省孝感市司法局对我的信任。从 2013 年到 2023 年 10 年间，我一直参与孝感市司法局的心理矫正工作。每年为社区矫正对象做心理测评、心理健康讲座、心理访谈和辅导等，让我看到了很多人入矫、适应、成长、解矫的心路历程，加深了我对特殊人群人格健康和社会性发展的认识，也让我更加坚定心理矫正工作在引导社区矫正对象以健康积极的心态重塑自我、融入主流社会过程中的重要影响力。

感谢我的学生蒋均盼、张璐寒、甘恬、崔静等在资料收集、数据输入、数据处理等方面贡献出的智慧，尤其感谢蒋均盼同学在问卷编制过程中的辛勤工作，很欣慰看到她为学术研究所做的努力，希望她能得偿所愿，继续深造！

感谢我的父亲对我的支持，是您的豁达和坚定一直激励我以良好的心态去投入自己喜爱的工作。感谢我的先生和女儿，你们对我的理解和温暖一直都是我专心工作的动力源泉。

"万物皆备于我矣。反身而诚，乐莫大焉。"无论是生活，还是教学、科研、社会服务，我都希望能不忘初心，诚心诚意把事情往前推进，世上确实没有比这更快乐的事情了。

衷心感谢以上和未提及的所有关爱我、帮助我的人！

王玉花

2023 年 4 月 20 日